絶対合格プロジェクト

# 漢字検定2級

# 頻出順 完成問題

# 本書の特色

本書は、日ごろなかなか学習時間の取れないみなさんが、「25日間」という短期間で、日本漢字能力検定協会が主催する「漢字能力検定」に合格できる十分な実力を完成させ、なおかつ検定前に最後の実力確認ができるように、以下の**5つの工夫**をしています。また、**改定された常用漢字表**に対応しています。

## 1 問題を出題頻度順に厳選!

最短距離で合格ラインに到達できるように、過去の試験問題を徹底的に分析し、出題頻度の高い問題(**頻度順にランクA・B・C**)を選び出しています。これらの頻出問題を学習すれば、最小の努力で最大の効果が得られます。

## 2 一日の適切な学習分量を絞り込み!

必須である「読み」や「書き取り」を中心に、「同音・同訓異字」「対義語・類義語」「部首」「四字熟語」「誤字訂正」など、実際の検定試験で出される多様な形式の問題を織り交ぜて**日割り**にし、**一日当たり6ページ**に収めました。これにより、途中で飽きることなく、無理のないペースで学習を進めることができます。

## 3 繰り返し学習が可能!

解答が赤刷りになっているので、チェックフィルターを使えば、赤文字の解答部分だけを消すことができます。これにより何度でも繰り返し学習することができ、頻出漢字、苦手な漢字をしっかりとマスターすることができます。

## 4 実戦模試で本番前に力試しができる!

計3回、本番の検定試験と同じ出題形式のテストを設けました。これを実際の検定時間と同じ時間内で解くことによって、時間配分やこれまでの**学習成果の確認**ができます。

## 5 試験直前まで最後の確認ができる!

本書の大きな特長として、巻末に「**ファイナルチェック**」を設けています。これを使えば、それぞれの出題分野の超頻出問題を、検定試験直前までチェックすることができます。

# 目次

## 2級の出題内容について

2級では、**小学校で習う学習漢字と4級・3級・準2級の配当漢字に加え、2級**（185字）の配当漢字が、出題の対象漢字となります。

**「読み」**の問題（下表の「漢字の読み」「熟語の構成」「対義語・類義語」「四字熟語」「誤字訂正」）では、2級の対象漢字すべてが出題範囲となります。

**「書き取り」**の問題（「同音・同訓異字」「対義語・類義語」「漢字と送りがな」「四字熟語」「誤字訂正」「漢字の書き取り」）も同様に、2級の対象漢字すべてが出題範囲となります。

**「部首」**の問題（「部首」）も、2級の対象漢字すべてが出題範囲となります。

「読み」「書き取り」「部首」いずれも、準2級・2級の配当漢字が出題の中心です。

そのほかに、巻末資料にまとめた熟字訓・当て字も出題されるので、確認しておきましょう。

以上のように、2級では、準2級・2級の配当漢字を中心に学習を進める必要があります。

## 級別出題内容と対象漢字数

| 内容／級 | 漢字の読み | 同音・同訓異字 | 漢字識別 | 熟語の構成 | 部首 | 対義語・類義語 | 漢字と送りがな | 四字熟語 | 誤字訂正 | 漢字の書き取り | 対象漢字数 | 対象レベル |
|---|---|---|---|---|---|---|---|---|---|---|---|---|
| 4級 | ○ | ○ | ○ | ○ | ○ | ○ | ○ | ○ | ○ | ○ | 1339字 | 中学校在学程度 |
| 3級 | ○ | ○ | ○ | ○ | ○ | ○ | ○ | ○ | ○ | ○ | 1623字 | 中学校卒業程度 |
| 準2級 | ○ | ○ |  | ○ | ○ | ○ | ○ | ○ | ○ | ○ | 1951字 | 高校在学程度 |
| 2級 | ○ | ○ |  | ○ | ○ | ○ | ○ | ○ | ○ | ○ | 2136字 | 高校卒業・大学・一般程度 |

## 「日本漢字能力検定」受検ガイド

（個人受検の場合）

●検定実施日

毎年3回、日曜日に実施しています。
第1回…5月か6月、第2回…10月か11月、第3回…翌年の1月か2月。

●検定会場

全国の主要都市で実施されているので、申し込み時に希望の地域を指定することができます。

●2級の検定時間と合格基準

検定時間は**60分**で、合格のめやすは正答率80%程度です。200点満点のテストで、**160点**以上の点数を獲得できれば合格圏です。

●合否の通知

検定日から約30日前後で、受検者全員に検定結果通知と、合格者には合格証書・合格証明書が郵送されます。また、約25日後にはインターネットで、合否結果を確認することもできます。

---

●問い合わせ先

公益財団法人　日本漢字能力検定協会

〈ホームページ〉

http://www.kanken.or.jp/

（本部）

〒605-0074

京都市東山区祇園町南側551番地

TEL（075）757-8600

FAX（075）532-1110

（東京事務局）

〒100-0004

東京都千代田区大手町2-1-1大手町野村ビル

TEL（03）5205-0333

FAX（03）5205-0331

# 第1日(1) 読み

時間15分
合格40

● 次の――線の読みをひらがなで記せ。

1 斬首の刑に処する。
2 学校から謹慎処分を受ける。
3 座禅を組んで冥想する。
4 怪《け》我の傷口が炎症を起こす。
5 直喩の表現を詩に用いる。
6 彼のお兄さんはとても俊足だ。
7 選択は恣意に任せる。
8 一度煮沸してから使うと良い。
9 世の流れを諦観する。
10 二十年の星霜を経て完成した。
11 犬の嗅覚は優れている。
12 サラリーマン稼業に精を出す。
13 師の前で畏縮する。
14 その事件は我が署の管轄外だ。
15 土俵で四股を踏む。
16 数珠を持ってお寺に参拝する。
17 盗掘の痕跡が残る。
18 覇気のない選手に喝を入れる。
19 戴冠式をとり行う。
20 コンクリートを粉砕する。
21 友人から何の音沙汰もない。
22 太平の世に暮らす幸せを感じる。

解答

1 ざんしゅ
2 きんしん
3 めいそう
4 えんしょう
5 ちょくゆ
6 しゅんそく
7 しい
8 しゃふつ
9 ていかん
10 せいそう
11 きゅうかく
12 かぎょう
13 いしゅく
14 かんかつ
15 しこ
16 じゅず
17 こんせき
18 はき
19 たいかん
20 ふんさい
21 おとさた
22 たいへい

得点
1回目 /50
2回目 /50

23 侮蔑の目を向ける。
24 頑張ったから褒美を与えよう。
25 退職金は僅少な金額だった。
26 トラブルに迅速に対応する。
27 事件直後に容疑者が失踪した。
28 祖父の最期を家族で看《み》取る。
29 熊手で落ち葉を集める。
30 目の前を遮るものは何もない。
31 富士《ふじ》の裾野が広がっている。
32 マラソンの世界記録に挑む。
33 特徴をうまく捉える。
34 赤ん坊の産着を買う。
35 思わず顔が綻んだ。
36 重い荷物を担いで山に登る。

37 落ち葉から堆肥を作る。
38 水槽に金魚を入れて飼育する。
39 煎餅布団を敷いて寝る。
40 お手伝いの駄賃をねだる。
41 虎穴に入らずんば虎児を得ず。
42 窯元で茶わんを購入する。
43 愛猫が膝元に寄って来る。
44 忌まわしい過去はもう忘れよう。
45 窓の水気を拭き取る。
46 緑滴る草原を見渡す。
47 雨が降っているので気分が塞ぐ。
48 風薫る五月の空の鯉《こい》のぼり。
49 空き缶を足で潰す。
50 偏った食事は体に良くない。

23 ぶべつ
24 ほうび
25 きんしょう
26 じんそく
27 しっそう
28 さいご
29 くまで
30 さえぎ
31 すその
32 いど
33 とら
34 うぶぎ
35 ほころ
36 かつ

37 たいひ
38 すいそう
39 せんべい
40 だちん
41 こけつ
42 かまもと
43 ひざもと
44 い
45 ふ
46 したた
47 ふさ
48 かお
49 つぶ
50 かたよ

# 第1日 (2)

## 部首、同音・同訓異字

時間 20分
合格 42
得点
1回目 /52
2回目 /52

● 次の漢字の部首を記せ。

〈例〉 菜 〔艹〕 間 〔門〕

1 刹
2 藺
3 凶
4 韻
5 賓
6 辣
7 髪
8 循
9 唯
10 彰
11 泰
12 耗
13 整
14 暫
15 矛
16 叔
17 蜜
18 矯
19 薫
20 誓
21 麗
22 卑
23 尉
24 奉

解答

1 刂
2 糸
3 凵
4 音
5 貝
6 辛
7 髟
8 彳
9 口
10 彡
11 氺
12 耒
13 攵
14 日
15 矛
16 又
17 虫
18 矢
19 艹
20 言
21 鹿
22 十
23 寸
24 大

● 次の——線のカタカナを漢字に直せ。

1 突然の友の死を心からイタむ。
2 ずっと使っている机がイタむ。
3 議論のオウシュウが深夜に及ぶ。
4 警察が証拠品をオウシュウする。
5 突然のカイコで路頭に迷う。
6 歴史的人物のカイコ録を読む。
7 カクシンをついた話が聞けた。
8 犯人は彼だとカクシンする。
9 稲カりが済んだ秋の田の風景。
10 猟犬と共にカりに出かける。
11 喉がカワいて死にそうだ。
12 ペンキがまだカワいていない。
13 科学の進歩にコウケンする。
14 コウケンあらたかなおまじない。
15 太平洋にあるビキニカンショウ。
16 カンショウに浸りやすい年頃。
17 首相カンテイからのテレビ中継。
18 港にそろったカンテイは壮観だ。
19 カンヨウな態度で加害者を許す。
20 どんな時も冷静さがカンヨウだ。
21 駅伝でキョウイ的な記録が出る。
22 核のキョウイにおびえる国民。
23 金融キョウコウで倒産する。
24 キョウコウな反対意見が出る。
25 経済状態がキンコウを保つ。
26 都市キンコウの社宅に入居する。
27 国立公園内のケイコクを歩く。
28 暴走車にケイコクを発する。

解答

1 悼　2 傷　3 応酬　4 押収　5 解雇　6 回顧　7 核心　8 確信　9 刈　10 狩　11 渇　12 乾　13 貢献　14 効験
15 環礁　16 感傷　17 官邸　18 艦艇　19 寛容　20 肝要　21 驚異　22 脅威　23 恐慌　24 強硬　25 均衡　26 近郊　27 渓谷　28 警告

# 第1日(3)

## 書き取り

時間20分
合格40

得点
1回目 /50
2回目 /50

● 次の——線のカタカナを漢字に直せ。

1 森にはヨウセイが住む。
2 彼はエンの下の力持ちだ。
3 話の内容がカキョウに入った。
4 トバク行為は禁じられている。
5 彼女はヒンパンに手紙をよこす。
6 キョウキンを開いて話したい。
7 二国はキンパクした関係にある。
8 姉がケショウをし始めた。
9 事業の中止はケンメイな判断だ。
10 コウバイ意欲がわく新商品だ。
11 新しい教科書をサイタクする。
12 巨大資本のコウジとなる。
13 観客からごシュウギをいただく。
14 父は兄とショウギをしている。
15 部下を厳しくシッセキする。
16 しっかりと任務をスイコウする。
17 高原のセイチョウな空気を吸う。
18 おもしろいセンリツの曲を聴く。
19 大切な客としてタイグウする。
20 彼は今ダンジキの修行中である。
21 敵をチンアツするための作戦。
22 赤字路線がテッパイされた。

解答

1 妖精
2 縁
3 佳境
4 賭博
5 頻繁
6 胸襟
7 緊迫
8 化粧
9 賢明
10 購買
11 採択
12 好餌
13 祝儀
14 将棋
15 叱責
16 遂行
17 清澄
18 旋律
19 待遇
20 断食
21 鎮圧
22 撤廃

☐ 23 ドタンバで力を発揮する。
☐ 24 広告バイタイとして新聞を使う。
☐ 25 ピアノのバンソウで合唱する。
☐ 26 ビンボウな生活から抜け出せた。
☐ 27 暗い所ではドウコウが開く。
☐ 28 祖父は四国ヘンロの旅に出た。
☐ 29 薬物使用のボクメツを目指す。
☐ 30 マイゾウ文化財を保存している。
☐ 31 返送シールをチョウフする。
☐ 32 銀行からのユウシがなくなった。
☐ 33 陶器作りをヨウギョウと言う。
☐ 34 大学で専門科目をリシュウする。
☐ 35 祖母はロウスイで亡くなった。
☐ 36 いたずらをしてアワてて逃げる。

☐ 37 浜辺を吹くウラカゼが心地良い。
☐ 38 生命をオビヤかす危機が訪れる。
☐ 39 かみクダいて説明してください。
☐ 40 失敗にコりずにまた繰り返す。
☐ 41 良いフンイキのお店だ。
☐ 42 身を捨ててこそ浮かぶセもあれ。
☐ 43 彼は毎朝チャヅけを食べている。
☐ 44 トンネルの前で車がトドコオる。
☐ 45 人もウラヤむ仲のよさだ。
☐ 46 庭の落ち葉を丁寧にハく。
☐ 47 ヒトキワ目を引く服装だ。
☐ 48 ホラアナの中で冬を過ごす動物。
☐ 49 失敗をしてミジめな思いをした。
☐ 50 新しい仕事のために人をヤトう。

---

23 土壇場　24 媒体　25 伴奏　26 貧乏　27 瞳孔　28 遍路　29 撲滅　30 埋蔵　31 貼付　32 融資　33 窯業　34 履修　35 老衰　36 慌

37 浦風　38 脅　39 砕　40 懲　41 雰囲気　42 瀬　43 茶漬　44 滞　45 羨　46 掃　47 一際　48 洞穴　49 惨　50 雇

# 第2日(1)

## 読み

時間15分 合格40

得点 1回目 /50 2回目 /50

● 次の——線の読みをひらがなで記せ。

1 乾麺を非常食として備蓄する。
2 そんな堕落した生活は許せない。
3 仕事が大いに進捗する。
4 狭義には次のような意味になる。
5 裁判で禁錮刑が言い渡された。
6 彼の横柄な態度にはあきれた。
7 あなたのお母さんは寡欲の人だ。
8 大会の成功に愉悦を覚えた。
9 逃げた賊を捕捉する。
10 匿名で抗議の電話がかかる。
11 郷土玩具の店を開く。
12 仲間と共に観桜の会を催す。
13 宇宙の謎を解明することが目標だ。
14 凡例として箇条書きで示す。
15 傲然たる態度で人を見下す。
16 池の水面が渦紋を描いている。
17 ヨーロッパへの憧憬の思いが強い。
18 拙劣な文章をお許しください。
19 転倒し眉間を切った。
20 業界の消息によく通暁している。
21 背中の斑紋がその動物の特徴だ。
22 懇意にしていただきありがとう。

解答

1 かんめん
2 だらく
3 しんちょく
4 きょうぎ
5 きんこ
6 おうへい
7 かよく
8 ゆえつ
9 ほそく
10 とくめい
11 がんぐ
12 かんおう
13 なぞ
14 はんれい
15 ごうぜん
16 かもん
17 しょうけい
18 せつれつ
19 みけん
20 つうぎょう
21 はんもん
22 こんい

23 文献を用いて語源を詮索する。
24 示唆に富んだ話をいただけた。
25 腰椎にひびが入る。
26 財産が息子に譲渡された。
27 語呂合わせで遊ぶ。
28 不幸せな境涯を嘆く。
29 恒例の歌舞伎興業が始まる。
30 感情には好悪の念がつきものだ。
31 他人を嫉視するのはよくない。
32 亡くなった祖母を供養する。
33 浮世絵の美女が艶然とほほえむ。
34 役所で婚姻届を提出する。
35 建物の土台に亀裂が生じた。
36 近隣国との融和を保つ。

37 荷物を小脇に抱えて歩く。
38 このお金は食費に充てよう。
39 鹿を指して馬となす。
40 彼の消息は定かではない。
41 ひたすら暴利を貪る。
42 同窓会で懐かしい先生と会う。
43 ボールを遠くへ蹴る。
44 僕の家は辛うじて延焼を免れた。
45 場内は喜びに湧いた。
46 彼の死を悼んで深く祈る。
47 純粋な心を弄ぶのは許せない。
48 升目を整えてグラフを書こう。
49 寺に籠もって修行を積む。
50 旧友と酒を酌み交わした。

23 せんさく
24 し(じ)さ
25 ようつい
26 じょうと
27 ごろ
28 きょうがい
29 かぶき
30 こうお
31 しっし
32 くよう
33 えんぜん
34 こんいん
35 きれつ
36 ゆうわ

37 こわき
38 あ
39 しか
40 さだ
41 むさぼ
42 なつ
43 け
44 かろ
45 わ
46 いた
47 もてあそ
48 ますめ
49 こ
50 く

## 第2日 (2)

# 四字熟語

時間20分　合格24

得点　1回目　/30　2回目　/30

● 次の四字熟語の（1～10）に入る適切な語を下の□の中から選び、漢字二字で記せ。また、後の11～15の意味にあてはまるものをア～コの四字熟語から一つ選び、記号で答えよ。

ア 面目（ 1 ）
イ（ 2 ）充棟
ウ（ 3 ）翼翼
エ（ 4 ）当千
オ 進取（ 5 ）
カ（ 6 ）堅固
キ（ 7 ）乱麻
ク 群雄（ 8 ）
ケ 順風（ 9 ）
コ（ 10 ）万丈

11 蔵書が非常に多いこと。多くの書籍。
12 紛糾している物事を手際よく片付けること。
13 気が小さくてびくびくしているさま。
14 物事がきわめて順調に運ぶこと。
15 自ら進んで物事を行い、大胆なこと。

| |
|---|
| いっき |
| いっしん |
| かいとう |
| かかん |
| かっきょ |
| かんぎゅう |
| きえん |
| しそう |
| しょうしん |
| まんぱん |

解答

1 一新　2 汗牛　3 小心　4 一騎　5 果敢　6 志操　7 快刀　8 割拠　9 満帆　10 気炎

11 イ　12 キ　13 ウ　14 ケ　15 オ

● 次の四字熟語の（1〜10）に入る適切な語を下の□の中から選び、漢字二字で記せ。また、後の11〜15の意味にあてはまるものをア〜コの四字熟語から一つ選び、記号で答えよ。

ア（ 1 ）潔白
イ 大胆（ 2 ）
ウ（ 3 ）西走
エ（ 4 ）砕身
オ 離合（ 5 ）

カ（ 6 ）漢才
キ（ 7 ）鉄壁
ク 熟慮（ 8 ）
ケ 万緑（ 9 ）
コ 二律（ 10 ）

いっこう
きんじょう
しゅうさん
せいれん
だんこう
とうほん
はいはん
ふてき
ふんこつ
わこん

11 日本固有の精神と中国の学問とを融合すること。
12 多くの平凡なものの中で、ただ一つ優れて目立つこと。
13 力の限り、懸命に努力すること。
14 物事が非常にしっかりと堅固なこと。
15 度胸があって何者をも恐れないこと。

解答

1 清廉　2 不敵　3 東奔　4 粉骨　5 集散　6 和魂　7 金城　8 断行　9 一紅　10 背反

11 カ　12 ケ　13 エ　14 キ　15 イ

# 第2日 (3)

## 書き取り

時間 20分
合格 40

得点
1回目 /50
2回目 /50

● 次の——線のカタカナを漢字に直せ。

1 居間でアイビョウがじゃれる。
2 週末はカンコク旅行の予定だ。
3 彼はチームのカクとなる存在だ。
4 土地をブンカツして与える。
5 何事も初志カンテツが大事だ。
6 ジョウルリの鑑賞は初めてだ。
7 詩の内容をギンミし直す。
8 雪のケッショウを顕微鏡で見る。
9 食費をケンヤクして貯金に回す。
10 コウミョウな手口の犯罪だった。
11 自宅農園で野菜をサイバイする。
12 シセイの人々を描いた作品。
13 ナラクの底につき落とされる。
14 寺の再建にジョウザイを募る。
15 狭い道ではジョコウしなさい。
16 長患いでスイジャクが激しい。
17 メイリョウな発音で本を読む。
18 ソウゴンな雰囲気の儀式だ。
19 別荘に一ヶ月間タイザイする。
20 秘密調査をタンテイに依頼する。
21 住民が市長にチンジョウする。
22 毎朝テツビンで湯を沸かす。

解答

1 愛猫
2 韓国
3 核
4 分割
5 貫徹
6 浄瑠璃
7 吟味
8 結晶
9 倹約
10 巧妙
11 栽培
12 市井
13 奈落
14 浄財
15 徐行
16 衰弱
17 明瞭
18 荘厳
19 滞在
20 探偵
21 陳情
22 鉄瓶

- 23 農機具はナヤに置いている。
- 24 バイシン員に選ばれる。
- 25 小冊子を無料でハンプする。
- 26 彼にはシュウチシンが足りない。
- 27 議論がフンキュウして進まない。
- 28 試写会でホウガを見る。
- 29 かつてホゲイで繁栄した町だ。
- 30 名簿からマッショウされる。
- 31 キンキ地方で台風の被害が出た。
- 32 能楽はユウゲンな世界を作る。
- 33 君の人権はヨウゴされる。
- 34 商人がリジュンを追求する。
- 35 ロウデンが原因で火災が起こる。
- 36 イキドオりを抑えられない。
- 37 試験にカラむ情報が流れる。
- 38 母の言葉をカテとして生きる。
- 39 定説をクツガエす大発見だ。
- 40 父にアてて、手紙を書く。
- 41 庭の隅に大きな台をスえる。
- 42 ゴール前で激しくセり合う。
- 43 昔はツカアナに死者を葬った。
- 44 みごとなトビラエの書籍。
- 45 魔女のノロいが解けた。
- 46 ハグキがはれて痛みが激しい。
- 47 親友のためにヒトハダ脱ぐ。
- 48 ホリバタの桜が開花した。
- 49 二人の間に大きなミゾができた。
- 50 ヤナギの木の下にベンチがある。

---

| | | | | | | | | | | | | | |
|---|---|---|---|---|---|---|---|---|---|---|---|---|---|
| 23 納屋 | 24 陪審 | 25 頒布 | 26 羞恥心 | 27 紛糾 | 28 邦画 | 29 捕鯨 | 30 抹消 | 31 近畿 | 32 幽玄 | 33 擁護 | 34 利潤 | 35 漏電 | 36 憤 |
| 37 絡 | 38 糧 | 39 覆 | 40 宛 | 41 据 | 42 競 | 43 塚穴 | 44 扉絵 | 45 呪 | 46 歯茎 | 47 一肌 | 48 堀端 | 49 溝 | 50 柳 |

# 第3日(1) 読み

時間 15分 合格 40

得点 1回目 /50 2回目 /50

● 次の――線の読みをひらがなで記せ。

1 ながく胃潰瘍を患う。
2 戸籍抄本を用意しておく。
3 象牙の印鑑を購入した。
4 まさに時宜を得た発言だ。
5 勇気ある行動は喝采を浴びた。
6 海底を探索する船に乗る。
7 リンパ腺は全身に分布している。
8 勅命を受けて奥州《おうしゅう》に出向く。
9 大雨で河川が氾濫する。
10 エビは甲殻類の仲間である。
11 肩関節を脱臼する。
12 その意見には首肯し難い。
13 灯芯に火をつける。
14 凹凸のある山道を登っていく。
15 子の行く末を危惧する。
16 度重なる失態に汗顔の至りだ。
17 開口部を遮蔽し紫外線を防ぐ。
18 我らの懇願が聞き入れられた。
19 会議後親睦会を催す。
20 しばしば懐郷の念にかられる。
21 肝腎な書類を忘れてきた。
22 ご厚情、恐悦至極に存じます。

解答

1 かいよう
2 しょうほん
3 ぞうげ
4 じぎ
5 かっさい
6 たんさく
7 せん
8 ちょくめい
9 はんらん
10 こうかく
11 だっきゅう
12 しゅこう
13 とうしん
14 おうとつ
15 きぐ
16 かんがん
17 しゃへい
18 こんがん
19 しんぼく
20 かいきょう
21 かんじん
22 きょうえつ

23 正月は寺社参詣する。
24 彼には平衡感覚が備わっている。
25 覚醒剤の所持は法に触れる。
26 民主主義を鼓吹する。
27 部屋の整理に無頓着だ。
28 摩滅したタイヤでの走行は危険。
29 家業の養蜂業を継ぐ。
30 文化勲章を拝受する。
31 病院で唾液の検査を受ける。
32 悠揚迫らざる態度で対応する。
33 戯曲の梗概を話す。
34 彼は諭旨免職を言い渡された。
35 名誉毀損で訴える。
36 赤ん坊の首が据わる。

37 梨がおいしい季節になった。
38 夏祭りで若者が山車を引く。
39 彼女の美しさは匂い立つようだ。
40 破れた服を母に繕ってもらう。
41 闇夜の錦は、役に立たないものだ。
42 それは、甚だしく不利な条件だ。
43 秘かに代表の座を狙う。
44 延焼を免れたのは幸いだ。
45 神をも畏れぬ所業だ。
46 今年は私も厄年を迎える。
47 淫らな行動が非難の的になる。
48 熟知している父に教えを請う。
49 会社の再建を諦める。
50 暁の頃、出立しようと思う。

23 さんけい
24 へいこう
25 かくせい
26 こすい
27 とんちゃく（とんじゃく）
28 まめつ
29 ようほう
30 くんしょう
31 だえき
32 ゆうよう
33 こうがい
34 ゆし
35 きそん
36 す

37 なし
38 だし
39 にお
40 つくろ
41 やみよ
42 はなは
43 ねら
44 まぬか（が）
45 おそ
46 やくどし
47 みだ
48 こ
49 あきら
50 あかつき

第1日 第2日 第3日 第4日 第5日 第6日 第7日 第8日 第9日 第10日 第11日 第12日 第13日 第14日

# 第3日 (2)

## 誤字訂正、対義語・類義語

時間 20分
合格 28

得点
1回目 /34
2回目 /34

● 次の各文にまちがって使われている同じ読みの漢字が一字ある。上に誤字を、下に正しい漢字を記せ。

1 著名な演奏家が奏でる大正琴の愛愁を帯びた調べに聴衆は酔った。

2 昭和の面影を残しつつ変膨する街を記録する研修会を主宰する。

3 危餓状態に置かれた難民を救済するための措置を国連が実施した。

4 会社合併を機に事業譲渡を希望したが、強引な要求だと一襲された。

5 個人情報の流出は損失につながるので、雇客名簿を適切に管理せよ。

6 捕虜となった祖父は、戦後厳寒の地で禍酷な条件下で働かされた。

7 国会論戦は、賄露の授受の問題で混迷を極め、暫時休憩に入った。

8 低下が著しい児童の体力向上を図るため、継続した運動を賞励している。

9 健康診断で脳腫葉の疑いを指摘され、専門医に精密検査を依頼した。

10 狭い海峡での海難事故の原因を分績するために専門家が派遣された。

11 隔たりの大きかった労使交渉は、両者が譲歩した結果打結した。

12 不法建築物を徹去する作業が、反対闘争の中で粛々と執行された。

13 図書館にある古い書籍を排棄するので貴重な本の確認作業を願います。

14 稲作農家が集まり、秋の豊作を祈願して氏神様に神楽を抱納した。

解答

1 愛・哀
2 膨・貌
3 危・飢
4 襲・蹴
5 雇・顧
6 禍・苛(過)
7 露・賂
8 賞・奨
9 葉・瘍
10 績・析
11 打・妥
12 徹・撤
13 排・廃
14 抱・奉

● 次の1～10の対義語、11～20の類義語を下の□の中から選び、漢字で記せ。□の中の語は一度だけ使うこと。

**対義語**

1 寛容
2 拒絶
3 下落
4 国産
5 進出
6 粗略
7 反逆
8 概略
9 侵害
10 富裕

**類義語**

11 永遠
12 寄与
13 功名
14 混乱
15 譲歩
16 扇動
17 必死
18 面倒
19 興廃
20 反逆

おうだく・きょうじゅん
けんめい・こうけん
しゅくん・しょうさい
せいすい・だきょう
ちょうはつ・ていねい
てったい・とうき
はくらい・ひんきゅう
ふんきゅう・へんきょう
むほん・やっかい
ゆうきゅう・ようご

---

**解答**

1 偏狭
2 応諾
3 騰貴
4 舶来
5 撤退
6 丁寧
7 恭順
8 詳細
9 擁護
10 貧窮

11 悠久
12 貢献
13 殊勲
14 紛糾
15 妥協
16 挑発
17 懸命
18 厄介
19 盛衰
20 謀反

# 第3日(3)

## 書き取り

時間20分
合格40

● 次の——線のカタカナを漢字に直せ。

1 優れた能力をトウヤする。
2 皮膚がエンショウを起こす。
3 カクゴを決めてこの道を進む。
4 ラチされて国外に連れ出された。
5 少年野球のカントクをしている。
6 自由をキョウジュして生きる。
7 両国のキンミツな関係が続く。
8 彼は何事にもケッペキである。
9 ゴウカな花束を贈ります。
10 ゴウモンのような辛い仕事だ。
11 人名サクインで調べると良い。
12 ダンガイ絶壁をよじ登る。
13 家のシュウゼンが必要だ。
14 長年の願いがジョウジュした。
15 栗《くり》をチャキン絞りにする。
16 地域スイショウの土産物を買う。
17 野菜でビタミンをセッシュする。
18 警官が犯人のソウサを開始した。
19 万引きの現行犯でタイホした。
20 寒いので部屋をダンボウする。
21 景気はチンタイしたままだ。
22 小論文のテンサク指導をする。

得点
1回目 /50
2回目 /50

解答

1 陶冶
2 炎症
3 覚悟
4 拉致
5 監督
6 享受
7 緊密
8 潔癖
9 豪華
10 拷問
11 索引
12 断崖
13 修繕
14 成就
15 茶巾
16 推奨
17 摂取
18 捜査
19 逮捕
20 暖房
21 沈滞
22 添削

23 険しい山道にナンジュウした。
24 青年らしいハキに満ちた態度。
25 略号をハンレイで確かめる。
26 かわいいフウトウで手紙を出す。
27 山を切り開いたブンジョウ住宅。
28 全体をホウカツ的に説明する。
29 大臣のホサ役として活躍する。
30 マッチャで来客をもてなした。
31 知人のフホウに接する。
32 諸国をユウゼイして回る。
33 そんな態度はヨウシャしない。
34 美しいビンセンを買う。
35 ロウニャク男女を問わず楽しむ。
36 学生がイコうことのできる校庭。

37 冷たい北風にエリモトをふさぐ。
38 バイオリンで名曲をカナでる。
39 相手の意向をクむ。
40 事実かどうかサダかではない。
41 見事なスギナミキが延々と続く。
42 悪事をソソノカしてはいけない。
43 一生をかけて罪をツグナう。
44 布を美しいアイイロに染める。
45 お茶をニゴすような説明だ。
46 奥歯に物がハサまったような話。
47 身をヒルガエしてかわす。
48 源氏物語の世界にアコガれる。
49 これを藩主へのミツぎ物とする。
50 ユエのない非難を受けている。

23 難渋
24 覇気
25 凡例
26 封筒
27 分譲
28 包括
29 補佐
30 抹茶
31 訃報
32 遊説
33 容赦
34 便箋
35 老若
36 憩

37 襟元
38 奏
39 酌
40 定
41 杉並木
42 唆
43 償
44 藍色
45 濁
46 挟
47 翻
48 憧
49 貢
50 故

# 第4日 (1)

## 読み

時間 15分
合格 40

得点
1回目 /50
2回目 /50

● 次の——線の読みをひらがなで記せ。

1 酒色に**惑溺**する日々を送る。
2 鉄棒で**懸垂**に取り組む。
3 上司に**挨拶**を怠らない。
4 収穫がどうも**逓減**している。
5 口の中の上の部分を**口蓋**という。
6 **桟道**を歩くのには注意が必要だ。
7 渡航費用を**捻出**する。
8 **群青**の大空を見上げる。
9 相手をひどく**面罵**する。
10 **美醜**を問うようなことはしない。
11 大切なのは**汎愛**の精神だ。
12 優勝旗を**奪還**しようと健闘した。
13 **未曽有**の大災害にみまわれる。
14 天皇の**勅宣**が示される。
15 **勾配**の急な坂を登る。
16 政界の**自浄**力が問われる。
17 **鬱屈**した気分が晴れない。
18 **寡聞**にして存じません。
19 **才媛**の誉れが高い。
20 父は**憤然**として席を立った。
21 過去の**怨念**を晴らす。
22 祖父は毎夜、**晩酌**をたしなむ。

解答

1 わくでき
2 けんすい
3 あいさつ
4 ていげん
5 こうがい
6 さんどう
7 ねんしゅつ
8 ぐんじょう
9 めんば
10 びしゅう
11 はんあい
12 だっかん
13 みぞう
14 ちょくせん
15 こうばい
16 じじょう
17 うっくつ
18 かぶん
19 さいえん
20 ふんぜん
21 おんねん
22 ばんしゃく

## 25 第4日 (1) 読　み

23 真摯な態度で仕事に臨む。
24 和洋折衷の住宅に移る。
25 足の浮腫に悩まされる。
26 前後からの挟撃に遭った。
27 わずかな間隙を縫って逃げ出す。
28 怪《け》我のため登録を抹消される。
29 徒手空拳で相手に立ち向かう。
30 発表するにはまだ時期尚早だ。
31 葛根湯を飲んで風邪を治す。
32 朝夕の勤行を常とする。
33 薬膳料理の作り方を習う。
34 悠長なことは言っていられない。
35 船の右舷が破損した。
36 この畑はよく肥えた土壌だ。
37 赤字を補塡して危機を乗り切る。
38 血眼になって探した。
39 幕府に冥加金を納める。
40 波間に漂うヨットの帆が見える。
41 他人の成功を妬む。
42 彼女の麗しい姿は注目の的だ。
43 今夜の献立は鍋物だ。
44 深い霧に行く手を阻まれた。
45 尻上がりに調子が良くなる。
46 磨き上げた廊下が本校の自慢だ。
47 警備員が鍵束を持つ。
48 父は長年リウマチを患っている。
49 城門の前に駒寄せを作る。
50 読書は心の糧と人は言う。

---

23 しんし
24 せっちゅう
25 ふしゅ
26 きょうげき
27 かんげき
28 まっしょう
29 くうけん
30 しょうそう
31 かっこんとう
32 ごんぎょう
33 やくぜん
34 ゆうちょう
35 うげん
36 どじょう
37 ほてん
38 ちまなこ
39 みょうが
40 ただよ
41 ねた
42 うるわ
43 なべもの
44 はば
45 しりあ
46 みが
47 かぎたば
48 わずら
49 こまよ
50 かて

# 第4日 (2)

## 熟語の構成、漢字と送りがな

時間 20分
合格 36
得点
1回目 /45
2回目 /45

● 熟語の構成のしかたには次のようなものがある。

ア 同じような意味の漢字を重ねたもの（岩石）
イ 反対または対応の意味を表す字を重ねたもの（高低）
ウ 上の字が下の字を修飾しているもの（洋画）
エ 下の字が上の字の目的語・補語になっているもの（着席）
オ 上の字が下の字の意味を打ち消しているもの（非常）

次の熟語は右のア～オのどれにあたるか、一つ選び、記号で答えよ。

1 赴任
2 悠久
3 筆禍
4 未遂
5 巧拙

6 緒論
7 飢餓
8 隠顕
9 不粋
10 堪忍

11 懐古
12 河畔
13 示威
14 検閲
15 添削

16 争覇
17 渉猟
18 媒介
19 衆寡
20 顕在

解答

1 エ　2 ア　3 ウ　4 オ　5 イ　6 ウ　7 ア　8 イ　9 オ　10 ア　11 エ　12 ウ　13 エ　14 ア

15 イ　16 エ　17 ウ　18 ア　19 イ　20 ウ

● 次の――線のカタカナを漢字一字と送りがな（ひらがな）に直せ。

〈例〉 問題にコタエル。　答える

1 その程度のことでアワテルな。
2 あえて身分をイツワル。
3 一晩中泣いて目がハレル。
4 早く帰るようにウナガシた。
5 欺いた人間がウラメシイ。
6 果実のウレル季節になった。
7 富豪の生活がウラヤマシイ。
8 釣り糸が足にカラマル。
9 集中豪雨で土砂がクズレル。
10 恋心で胸をコガス。
11 軒からシタタル水が溜《た》まる。
12 冷たい水が歯にシミル。
13 スッパイ梅干しを作った。
14 職を転々として腰がスワラない。
15 歴史をサカノボルのも大切だ。
16 仏壇に供物をタテマツッた。
17 修理代は当方でツグナウ。
18 自分の行いをカエリミル。
19 運命をカケテ戦う。
20 それは誤解もハナハダシイ。
21 恥ずかしくて顔をフセル。
22 空にマタタク星を見上げる。
23 気持ちがナエテ断念する。
24 状況の変化で決意がユラグ。
25 ワズラワシイ事務手続きをする。

**解答**

1 慌てる
2 偽る
3 腫れる
4 促し
5 恨めしい
6 熟れる
7 羨ましい
8 絡まる
9 崩れる
10 焦がす
11 滴る
12 染みる
13 酸っぱい
14 据わら
15 遡る
16 奉っ
17 償う
18 省みる
19 賭けて
20 甚だしい
21 伏せる
22 瞬く
23 萎えて
24 揺らぐ
25 煩わしい

# 第4日 (3)

## 書き取り

時間 20分
合格 40

得点
1回目 /50
2回目 /50

● 次の――線のカタカナを漢字に直せ。

1 シンセキの家に泊まる。
2 毎日出勤簿にオウインする。
3 事業をカクジュウする方針だ。
4 小さなカビンを窓際に置く。
5 木製のイスを作る。
6 キョウシュウをさそう映画。
7 グウハツ的な事件が起こった。
8 ゲネツ剤を飲んで寝た。
9 コウカイ先に立たずと言われる。
10 コウリョウとした風景が続く道。
11 二酸化炭素排出サクゲンが進む。
12 彼女の料理にシタツヅミを打つ。
13 コウトウ炎の治療をする。
14 まだショウジョウは軽い方です。
15 ザセツを乗り越え、勝利をつかむ。
16 スイソウですいすい泳ぐ熱帯魚。
17 セッチュウ案を出して解決する。
18 以前に貸した金とソウサイする。
19 ようやく交渉はダケツした。
20 チツジョある社会を目指す。
21 チンプなデザインの洋服。
22 彼は有名なトウゲイ家だ。

解答

1 親戚
2 押印
3 拡充
4 花瓶
5 椅子
6 郷愁
7 偶発
8 解熱
9 後悔
10 荒涼
11 削減
12 舌鼓
13 喉頭
14 症状
15 挫折
16 水槽
17 折衷
18 相殺
19 妥結
20 秩序
21 陳腐
22 陶芸

□ 23 国内でニセモノが流通している。
□ 24 バクゼンとした不安に襲われた。
□ 25 ジュジュツシを屋敷に招く。
□ 26 軒下のフウリンの音が心地良い。
□ 27 もっと細かくブンセキしなさい。
□ 28 辺り一面にホウコウを放つ花。
□ 29 財産がボッシュウされる。
□ 30 マホウ使いのようなマジシャン。
□ 31 卒業にヒッスの単位を落とす。
□ 32 五輪をユウチするのは難しい。
□ 33 関係者に協力をヨウセイした。
□ 34 この案でリョウカイしてください。
□ 35 ロウヒ癖があり貯金ができない。
□ 36 近代国家のイシズエを築く。
□ 37 ついに堪忍袋のオが切れた。
□ 38 朝六時にお寺のカネが鳴る。
□ 39 食堂のドンブリを割ってしまった。
□ 40 恩師から優しくサトされた。
□ 41 スズしい風が頬に優しい。
□ 42 気持ちを歌にタクして努力する。
□ 43 講習で基本的な技術をツチカう。
□ 44 死者の霊をトムラいます。
□ 45 宝石のアヤしい光に心を奪われる。
□ 46 彼に人前でハズカシめられる。
□ 47 夢がフクらむような企画だ。
□ 48 寄付金で建設費をマカナう。
□ 49 ミニクい争いが長年続いている。
□ 50 互いにユズりあって座る。

23 偽物
24 漠然
25 呪術師
26 風鈴
27 分析
28 芳香
29 没収
30 魔法
31 必須
32 誘致
33 要請
34 了解
35 浪費
36 礎
37 緒
38 鐘
39 丼
40 諭
41 涼
42 託
43 培
44 弔
45 妖
46 辱
47 膨
48 賄
49 醜
50 譲

# 第5日 (1) 読み

時間15分 合格40

得点 1回目 /50 2回目 /50

● 次の——線の読みをひらがなで記せ。

1 右眼の網膜が剝離する。
2 断食してダイエットに励む。
3 脊椎動物は大いに進化した。
4 文献を渉猟して研究する。
5 滑稽なしぐさをする。
6 紺青の海に白い船が浮かぶ。
7 曖昧な態度に不満を持つ。
8 妙《たえ》なる調べに陶酔する。
9 語彙を増やす方法を知る。
10 和やかな雰囲気が醸成された。
11 仏教では邪淫を戒めている。
12 葬列は粛々と進んでいった。
13 突然、温泉が湧出した。
14 ちょうど出穂の時期を迎えた。
15 先祖からの豊沃な土地を守る。
16 彼を味方にするための懐柔策だ。
17 嘲笑の的となった。
18 彼は自刃して果てた。
19 奈良の古刹を巡る旅に出る。
20 彼の立派な行いが表彰された。
21 成功者への妬心を強く持つ。
22 碁盤の目のような町並みを歩く。

解答

1 はくり
2 だんじき
3 せきつい
4 しょうりょう
5 こっけい
6 こんじょう
7 あいまい
8 とうすい
9 ごい
10 じょうせい
11 じゃいん
12 しゅくしゅく
13 ゆうしゅつ
14 しゅっすい
15 ほうよく
16 かいじゅう
17 ちょうしょう
18 じじん
19 こさつ
20 ひょうしょう
21 としん
22 ごばん

23 各派の領袖が会合を開く。
24 多岐にわたる用途を説明する。
25 錦秋の候、いかがお過ごしですか。
26 文献を探し、研究資料とする。
27 凄絶な争いに発展した。
28 毎朝、彼は乾布摩擦をする。
29 知らせを聞き、愁眉を開く。
30 格子戸をくぐって外に出る。
31 狙撃犯が逮捕された。
32 感動の余韻を味わっている。
33 魚が渓流を遡行する。
34 人口は都市部に偏在している。
35 一旦怒り出すとお手上げだ。
36 講和条約を批准する。

37 新勢力が勃興する。
38 会釈して通り過ぎた紳士は誰だ。
39 まるで絵に描いた餅だ。
40 春の息吹に満ちた草原を歩く。
41 切手を貼ってポストに投函する。
42 私たちの依頼を拒み続けている。
43 人の失敗を嘲った子を叱る。
44 物産展で漆塗りの盆を購入する。
45 部下の態度をひどく罵る。
46 私はこの劇では端役で登場する。
47 爽やかな風が吹く。
48 台風は四国に上陸する虞がある。
49 雨乞いの神事が執り行われた。
50 小さいからと侮ってはいけない。

---

23 りょうしゅう
24 たき
25 きんしゅう
26 ぶんけん
27 せいぜつ
28 まさつ
29 しゅうび
30 こうし
31 そげき
32 よいん
33 そこう
34 へんざい
35 いったん
36 ひじゅん

37 ぼっこう
38 えしゃく
39 もち
40 いぶき
41 は
42 こば
43 あざけ
44 うるしぬ
45 ののし
46 はやく
47 さわ
48 おそれ
49 あまご
50 あなど

# 第5日 (2)

## 部首、同音・同訓異字

時間 20分　合格 42

得点　1回目　/52　2回目　/52

● 次の漢字の部首を記せ。

〈例〉菜 [艹]　間 [門]

1 貢
2 頻
3 寧
4 奔
5 募
6 勾
7 款
8 麻
9 致
10 拶
11 料
12 膚
13 塁
14 爵
15 丹
16 虜
17 冶
18 具
19 疎
20 戒
21 庸
22 督
23 崇
24 竜

### 解答

| | | | | | |
|---|---|---|---|---|---|
| 1 貝 | 2 頁 | 3 宀 | 4 大 | 5 力 | 6 勹 |
| 7 欠 | 8 麻 | 9 至 | 10 扌 | 11 斗 | 12 肉 |
| 13 土 | 14 爫 | 15 丶 | 16 虍 | 17 冫 | 18 八 |
| 19 ⻊ | 20 戈 | 21 广 | 22 目 | 23 山 | 24 竜 |

● 次の――線のカタカナを漢字に直せ。

1 かたくなに自説をケンジする。
2 彼はどうも自己ケンジ欲が強い。
3 事故防止の注意をカンキする。
4 窓を開けて部屋をカンキする。
5 コウショウは物別れに終わった。
6 コウショウ部数が百万部の本。
7 彼は私のコウハイにあたる。
8 戦争で国土はコウハイした。
9 コウリョウとした原野が広がる。
10 無コウリョウの化粧品を買う。
11 今、模型作りにコっている。
12 失敗してもコりずに頑張る。
13 時間をサいて友人と会う。
14 無理に二人の仲をサく。
15 学歴をサショウしてはいけない。
16 入国を許可するためのサショウ。
17 食べ過ぎは体にサワる。
18 こわごわと生き物をサワる。
19 大企業のサンカに入る。
20 大地震のサンカを被る。
21 大臣のシモン機関で協議する。
22 犯人とシモンが一致したらしい。
23 ジュウダンの飛び交う戦場。
24 日本をジュウダンしている旅人。
25 校内をジュンシして指導する。
26 ジュンシした家来を葬る。
27 偉人のショウガイを伝記で読む。
28 ショウガイ物競走に出場する。

解答

1 堅持　2 顕示　3 喚起　4 換気　5 交渉　6 公称　7 後輩　8 荒廃　9 荒涼　10 香料　11 凝　12 懲　13 割　14 裂
15 詐称　16 査証　17 障　18 触　19 傘下　20 惨禍　21 諮問　22 指紋　23 銃弾　24 縦断　25 巡視　26 殉死　27 生涯　28 障害

# 第5日 (3)

## 書き取り

時間 20分
合格 40

得点
1回目 /50
2回目 /50

● 次の——線のカタカナを漢字に直せ。

1 横綱大関はすべてアンタイだ。
2 街が空爆によりザンガイと化す。
3 カクシンに触れた話が聞けた。
4 瀬戸物のカマモトとして有名だ。
5 ケンバン楽器の代表はピアノだ。
6 王にキョウジュンの意を表す。
7 クオンの理想を追求していく。
8 彼にはケネン材料が少しある。
9 会社のためにコウケンしている。
10 この二つの品はコクジしている。
11 多量の商品をサシュされた。
12 内臓にシッカンが見つかった。
13 ヨウエンな魅力に心奪われる。
14 今やるには時期ショウソウだ。
15 オクビョウな人間にはなるな。
16 『枕草子《まくらのそうし》』は優れたズイヒツだ。
17 自転車のセットウ罪で補導する。
18 行方不明者のソウサクを行う。
19 ここは高温タシツの気候風土だ。
20 液体チッソを使った実験をする。
21 彼は歴史にツウギョウしている。
22 この計画案はトウケツとなった。

解答

1 安泰
2 残骸
3 核心
4 窯元
5 鍵盤
6 恭順
7 久遠
8 懸念
9 貢献
10 酷似
11 詐取
12 疾患
13 妖艶
14 尚早
15 臆病
16 随筆
17 窃盗
18 捜索
19 多湿
20 窒素
21 通暁
22 凍結

23 妻は今ニンシン中である。
24 両者の実力がハクチュウする。
25 条約がようやくヒジュンされた。
26 フクシ国家を目指す必要がある。
27 習字でカイショを習った。
28 ここは文明ハッショウの地だ。
29 ホバシラを立てて航海する船。
30 チミツな計画を立てる。
31 柔道部のモサとして知られる。
32 彼はユウベンで政治家向きだ。
33 いつまでたってもヨウチな子だ。
34 山リョウシの父は毎日猪を追う。
35 悪事は必ずロテイするものだ。
36 友の死をイタんで黙祷《とう》した。

37 オオせの通りに何でもします。
38 彼の行動が物議をカモした。
39 名誉をケガすような行いだ。
40 通行をサマタげてはならない。
41 屋上でニジを眺める。
42 長年この仕事にタズサわる。
43 ツツシんでお受けいたします。
44 イった豆はとてもいい香りだ。
45 祭りの人波をヌって歩く。
46 家族で一人だけハダアいが違う。
47 いつの間にか夜がフけていた。
48 知らぬ間に人混みにマギれる。
49 父は毎日多くの患者をミている。
50 社長の地位がユらぐような事態。

23 妊娠
24 伯仲
25 批准
26 福祉
27 楷書
28 発祥
29 帆柱
30 緻密
31 猛者
32 雄弁
33 幼稚
34 猟師
35 露呈
36 悼

37 仰
38 醸
39 汚
40 妨
41 虹
42 携
43 謹
44 煎
45 縫
46 肌合
47 更
48 紛
49 診
50 揺

# 第6日 (1)

## 読み

時間15分
合格40

得点
1回目 /50
2回目 /50

● 次の——線の読みをひらがなで記せ。

1 金額の多寡は問わない。
2 彼は辣腕な弁護士だ。
3 夏至は夜が最も短い日だ。
4 恐しい計画に慄然とした。
5 私の祖父は窯業を営んでいる。
6 彼女を生涯の伴侶と決めた。
7 土塀の向こうに隠れている。
8 見返りのために貨賂を贈る。
9 証人が出廷する時間だ。
10 彼らは映画界の双璧だ。
11 暫時の猶予もなく進められた。
12 哺乳瓶を消毒する。
13 聴聞会で関係者が発言する。
14 あらゆる疑いを払拭する。
15 陸軍を統帥する大役である。
16 山奥の岩窟に隠れ住む。
17 父は苦渋に満ちた表情だった。
18 人を顎で使う横着者。
19 綿と毛の混紡でできたセーター。
20 気分が爽快になる。
21 見失わないよう一点を凝視する。
22 世の中に閉塞感が広がる。

解答

1 たか
2 らつわん
3 げし
4 りつぜん
5 ようぎょう
6 はんりょ
7 どべい
8 かろ
9 しゅってい
10 そうへき
11 ざんじ
12 ほにゅう
13 ちょうもん
14 ふっしょく
15 とうすい
16 がんくつ
17 くじゅう
18 あご
19 こんぼう
20 そうかい
21 ぎょうし
22 へいそくかん

- 23 市井の人の声を聞く。
- 24 駅弁の釜飯を食べる。
- 25 家計が窮迫状態で大変辛い。
- 26 苛政は虎よりも猛《たけ》し。
- 27 パンフレットを頒布し啓発する。
- 28 良い考えが旺然として起こった。
- 29 時代と共に暮らしも変遷する。
- 30 城に柵門を設置する。
- 31 奔流に押し流されてしまう。
- 32 会場の雰囲気に萎縮する。
- 33 浄財を集めるため、地域を回る。
- 34 咽頭に炎症を起こす。
- 35 作業の無駄を省く。
- 36 旧体制がもろくも瓦解した。
- 37 蚊帳をつって、寝床を覆う。
- 38 転んで頬骨を骨折する。
- 39 緑青が付いても無害のようだ。
- 40 肘枕でうたた寝をする。
- 41 打ち鳴らす鼓の音が場内に響く。
- 42 蜜蜂の巣を見つける。
- 43 大役を担った責任は重い。
- 44 地震で建物が潰れる。
- 45 彼は秀でた才能の持ち主だ。
- 46 漆器の塗りが剝げる。
- 47 腰を据えて頑張ろう。
- 48 工事に桁外れの予算を組む。
- 49 早朝、皇居の堀端を歩く。
- 50 病気でげっそり痩せる。

---

23 しせい
24 かまめし
25 きゅうはく
26 かせい
27 はんぷ
28 おうぜん
29 へんせん
30 さくもん
31 ほんりゅう
32 いしゅく
33 じょうざい
34 いんとう
35 むだ
36 がかい
37 かや
38 ほおぼね
39 ろくしょう
40 ひじまくら
41 つづみ
42 みつばち
43 にな
44 つぶ
45 ひい
46 は
47 す
48 けたはず
49 ほりばた
50 や

# 第6日 (2)

## 四字熟語

時間20分　合格24

得点　1回目　/30　2回目　/30

● 次の四字熟語の（1〜10）に入る適切な語を下の□の中から選び、漢字二字で記せ。また、後の11〜15の意味にあてはまるものをア〜コの四字熟語から一つ選び、記号で答えよ。

ア 唯唯（ 1 ）
イ 隠忍（ 2 ）
ウ（ 3 ）連衡
エ（ 4 ）奪胎
オ（ 5 ）津津

カ 鶏口（ 6 ）
キ 四分（ 7 ）
ク（ 8 ）必衰
ケ（ 9 ）末節
コ 神出（ 10 ）

がっしょう
かんこつ
きぼつ
ぎゅうご
きょうみ
ごれつ
じちょう
しよう
じょうしゃ
だくだく

11 連合や同盟により勢力を伸ばすこと。
12 物事の本質から外れた些《さ》細な部分。
13 古人の作品の趣意に沿いつつ新しく表現すること。
14 じっと我慢して軽々しい言動は慎むこと。
15 所在が簡単には計り知れないこと。

解答

1 諾諾　2 自重　3 合従　4 換骨　5 興味　6 牛後　7 五裂　8 盛者　9 枝葉　10 鬼没

11 ウ　12 ケ　13 エ　14 イ　15 コ

● 次の四字熟語の（1～10）に入る適切な語を下の□の中から選び、漢字二字で記せ。また、後の11～15の意味にあてはまるものをア～コの四字熟語から一つ選び、記号で答えよ。

ア（ 1 ）万紅

イ 多岐（ 2 ）

ウ（ 3 ）即妙

エ 破邪（ 4 ）

オ（ 5 ）隻語

カ（ 6 ）曲直

キ 安寧（ 7 ）

ク 堅忍（ 8 ）

ケ 酔生（ 9 ）

コ（ 10 ）北馬

けんしょう
せんし
ちつじょ
とうい
なんせん
ふばつ
へんげん
ぼうよう
むし
りひ

11 道理や道徳に叶《かな》っていることと反していること。

12 我慢強く耐えて心を動かさないこと。

13 ちょっとした言葉。

14 誤った考えを否定して正しい見解を出すこと。

15 その場にうまく適応した素早い機転。

解答

1 千紫
2 亡羊
3 当意
4 顕正
5 片言
6 理非
7 秩序
8 不抜
9 夢死
10 南船

11 カ
12 ク
13 オ
14 エ
15 ウ

# 第6日 (3)

## 書き取り

時間20分 合格40

得点 1回目 /50 2回目 /50

● 次の――線のカタカナを漢字に直せ。

1 イカクのためのミサイル実験。
2 発熱のためオカンが走る。
3 ドンヨクに新記録に挑戦する。
4 ほどよいカンカクを空けて座る。
5 ショウチュウを毎晩飲む。
6 暴漢のキョウジンに倒れる。
7 クツジョク的な仕打ちを受けた。
8 夜中にゲリで悩まされた。
9 頭で夢と現実がコウサクする。
10 弱点をコクフクして成長した。
11 友人の下宿先でザコ寝をした。
12 ワンガン道路をドライブする。
13 この島は天然のヨウサイだ。
14 村に貢献した人物のショウゾウ。
15 シロウトの域を出ない作品だ。
16 積年のエンコンによる犯行だ。
17 彼はセンサイな感覚の持ち主だ。
18 自信をソウシツして落ち込む。
19 相手の意向をダシンしてみる。
20 大怪我《け》だったが完全にチユした。
21 昨晩、祖父のツヤが行われた。
22 新型エンジンをトウサイした車。

解答

1 威嚇
2 悪寒
3 貪欲
4 間隔
5 焼酎
6 凶刃
7 屈辱
8 下痢
9 交錯
10 克服
11 雑魚
12 湾岸
13 要塞
14 肖像
15 素人
16 怨恨
17 繊細
18 喪失
19 打診
20 治癒
21 通夜
22 搭載

23 ついにネングの納め時だ。
24 ハクライ品は高嶺《ね》の花だった。
25 農村がヒヘイして過疎化が進む。
26 フクスイ盆に返らずと言われる。
27 ホルモンのブンピツ異常だ。
28 ボウショから指摘を受けた。
29 戦争ホリョの生活を記した書物。
30 行楽シーズンをマンキツする。
31 ハイカイ文学の礎を築いた。
32 何も言わずユウユウと立ち去る。
33 長年ヨウツウに悩まされている。
34 経済がハタンしてしまう。
35 義理にシバられて動けない。
36 両親のイツクしみを受けて育つ。
37 努力をオコタると成功しない。
38 広大な平地にジョウカクを築く。
39 予算は大幅にケズられた。
40 時代劇にはサムライが登場する。
41 彼を学級の代表としてススめる。
42 タダし、親の承諾が必要となる。
43 計画案は競争相手にツツヌけだ。
44 仕事に追われてドロナワ状態だ。
45 ネコジタなので熱い物は苦手だ。
46 干潟にツルの一群が飛来する。
47 久しぶりの彼はずいぶんフけた。
48 ヒトミを閉じて思い出す。
49 ムコヨウシを跡取りにする。
50 ヨイゴしの金は持たないと言う。

23 年貢
24 舶来
25 疲弊
26 覆水
27 分泌
28 某所
29 捕虜
30 満喫
31 俳諧
32 悠悠(々)
33 腰痛
34 破綻
35 縛
36 慈
37 怠
38 城郭
39 削
40 侍
41 薦
42 但
43 筒抜
44 泥縄
45 猫舌
46 鶴
47 老
48 瞳
49 婿養子
50 宵越

# 第7日（1）

## 読み

時間15分
合格40

得点
1回目 /50
2回目 /50

● 次の――線の読みをひらがなで記せ。

1 社債を一度に償還する。
2 逐一、先生に報告してください。
3 政治献金はしばしば問題化する。
4 澄明な大気を満喫する。
5 祖父は叙勲の栄を受けた。
6 弥生の節句を祝う。
7 景観の良い渓谷を歩く。
8 一躍、羨望の的となった。
9 配偶者の死後も貞節を守る。
10 建立は今から百年前だそうだ。
11 一言のもとに喝破される。
12 防犯のため施錠を忘れるな。
13 牛の解剖に立ち会う。
14 彼の肢体は均整がとれている。
15 のびのびと自由を享受している。
16 柔道界の泰斗として仰がれる。
17 扶養家族の課税控除を適用した。
18 壮大な計画が持ち上がった。
19 国民皆で日々の安寧を祈る。
20 閑散とした町並みである。
21 湖沼の風景を収めた写真を見る。
22 収賄の容疑で取り調べられる。

解答

1 しょうかん
2 ちくいち
3 けんきん
4 ちょうめい
5 じょくん
6 やよい
7 けいこく
8 せんぼう
9 ていせつ
10 こんりゅう
11 かっぱ
12 せじょう
13 かいぼう
14 したい
15 きょうじゅ
16 たいと
17 こうじょ
18 そうだい
19 あんねい
20 かんさん
21 こしょう
22 しゅうわい

23 彼は恋人と出奔したらしい。
24 亡者となって冥土をさまよう。
25 謄写版でプリントを印刷する。
26 政党内の派閥抗争が続く。
27 漆の葉は秋に紅葉する。
28 学歴偏重の社会を打破したい。
29 苦吟して作った俳句を紹介する。
30 曇天の空から雨粒が落ちだした。
31 首相は国務大臣を罷免できる。
32 これは凡庸な作品でしかない。
33 資金を融通していただきたい。
34 物価が急騰して生活が苦しい。
35 容赦なく雨は降り続いている。
36 誤支払いの歳出を戻入させた。

37 長年の願いがやっと成就する。
38 それは功徳を施すことになる。
39 父の霊前に供物を奉る。
40 綿花を紡いで糸を作ろう。
41 天から賦与された才能がある。
42 あの子は彼によく懐いている。
43 渦潮を見たくて海に出かける。
44 少年は身を翻して走り去った。
45 殻を破って生まれたヒヨコ。
46 地場産業が廃れてしまった。
47 そんな惨めな生活はしたくない。
48 不安と恐怖に脅かされる毎日だ。
49 大方の意見を覆すことになる。
50 犬が泡だらけの体を震わせる。

---

23 しゅっぽん
24 もうじゃ
25 とうしゃ
26 はばつ
27 うるし
28 へんちょう
29 くぎん
30 どんてん
31 ひめん
32 ぼんよう
33 ゆうずう
34 きゅうとう
35 ようしゃ
36 れいにゅう

37 じょうじゅ
38 くどく
39 たてまつ
40 つむ
41 ふよ
42 なつ
43 うずしお
44 ひるがえ
45 から
46 すた
47 みじ
48 おびや
49 くつがえ
50 あわ

# 第7日 (2)

## 誤字訂正、対義語・類義語

時間 20分
合格 28

得点
1回目 /34
2回目 /34

● 次の各文にまちがって使われている同じ読みの漢字が一字ある。上に誤字を、下に正しい漢字を記せ。

1 現状依持を望んでいては組織の刷新を求める幹部の意向に添えない。

2 学術論文では使用した言葉の概念を明確にしておくことが肝要だ。

3 初心者には高度な内容まで要求せず、敢容な態度で接しなさい。

4 消費者の要望を集約し、最新の技術を苦使して作った機器である。

5 精巧な工芸品だが平凡だと指摘されたので、色彩に工夫を懲らした。

6 不摂生な日常生活が大病を患う結果になったと悔根の情にかられた。

7 原住民は瞬敏な身のこなしで熱帯雨林を駆け回り、獲物を捕らえた。

8 文化的伝統を保持する我が町は、優秀な人材を輩出する土譲がある。

9 茶道の神随を究めた師匠によるお稽古に遠方から弟子が集まる。

10 反対派の議場への侵入を疎止する警備隊が周辺地域に配備された。

11 通信網の不具合により指示系統に混乱が生じ、業務が停態した。

12 諸外国への企業進出の結果、関連情報機器の輸出が延びている。

13 契約不履行による損害を媒償させるため顧問弁護士に相談した。

14 長時間労働による疲労の蓄積は現場での事故を優発する原因となる。

解答

1 依・維
2 慨・概
3 敢・寛
4 苦・駆
5 懲・凝
6 根・恨
7 瞬・俊
8 譲・壌
9 随・髄
10 疎・阻
11 態・滞
12 延・伸
13 媒・賠
14 優・誘

● 次の1~10の対義語、11~20の類義語を下の□の中から選び、漢字で記せ。□の中の語は一度だけ使うこと。

**対義語**

1 慶賀
2 高遠
3 剛健
4 受諾
5 絶賛
6 多弁
7 褒賞
8 空虚
9 直進
10 分割

**類義語**

11 罷免
12 脅迫
13 互角
14 削除
15 親友
16 荘重
17 漂泊
18 来歴
19 座視
20 無事

あいとう・あんたい
いかく・いっかつ
かもく・きょひ
げんしゅく・こうてつ
こくひょう・じゅうじつ
だこう・ちき
ちょうばつ・にゅうじゃく
はくちゅう・ひきん
ぼうかん・まっしょう
ゆいしょ・るろう

**解答**

1 哀悼
2 卑近
3 柔弱
4 拒否
5 酷評
6 寡黙
7 懲罰
8 充実
9 蛇行
10 一括
11 更迭
12 威嚇
13 伯仲
14 抹消
15 知己
16 厳粛
17 流浪
18 由緒
19 傍観
20 安泰

# 第7日（3）

## 書き取り

時間20分　合格40

得点　1回目　/50　2回目　/50

● 次の――線のカタカナを漢字に直せ。

1 行政のタイマンを批判する。
2 オンビンに済ませられない。
3 新カクリョウの顔ぶれが決まる。
4 病気に対する注意をカンキする。
5 仏にキエし修行を続けている。
6 歯並びをキョウセイしてもらう。
7 クドクを積んだ高僧の話を聴く。
8 ケンアン事項がたくさん残る。
9 コウシ戸をくぐり抜けて入る。
10 コフン時代の特徴を備えた土器。
11 サジキ席から相撲を見る。
12 リンカクがはっきりした顔立ち。
13 ジュキョウは孔子《こうし》を祖とする。
14 保護者のショウダク書が必要だ。
15 国会で予算のシンギが行われる。
16 自然を神としてスウハイする。
17 センスイ服を着て海の中に入る。
18 こんな言い方はザンコク極まりない。
19 行きがけのダチン程度しかない。
20 家の前にチュウシャ場を作る。
21 敵の動きをテイサツに行く。
22 本質をドウサツする力がある。

解答

1 怠慢
2 穏便
3 閣僚
4 喚起
5 帰依
6 矯正
7 功徳
8 懸案
9 格子
10 古墳
11 桟敷
12 輪郭
13 儒教
14 承諾
15 審議
16 崇拝
17 潜水
18 残酷
19 駄賃
20 駐車
21 偵察
22 洞察

23 ネンポウ五百万円の仕事に就く。
24 ハケン争いに負けて滅亡した。
25 我がヒメギミが隣の藩主に嫁ぐ。
26 多額のフサイを抱えて倒産した。
27 細胞ブンレツを繰り返す。
28 大使館でホウジンの状況を知る。
29 祖父はボンサイいじりが趣味だ。
30 殺人ミスイの事件が解決した。
31 モンピが閉ざされたままである。
32 事故をユウハツする運転だ。
33 ゆったりとヨクソウにつかる。
34 昔はゴラク施設が少なかった。
35 春眠アカツキを覚えず。
36 これが私のイツワらざる思いだ。

37 優勝をのがしオしいことをした。
38 カラい評価で知られる先生だ。
39 書道の専門家に教えをコう。
40 彼はシブい色の洋服を着ている。
41 いつの間にか流行がスタれる。
42 タツマキによる被害が出た。
43 ツナミに襲われた村を訪れる。
44 庭に小さなナエギを植えた。
45 ネバり強く戦うことが大切だ。
46 今朝庭の畑にハツシモが降りた。
47 父はブタを飼う仕事をしている。
48 勝負はマタタく間に決着がつく。
49 そのムネを必ずお伝えください。
50 酒にヨってそのまま寝てしまう。

23 年俸
24 覇権
25 姫君
26 負債
27 分裂
28 邦人
29 盆栽
30 未遂
31 門扉
32 誘発
33 浴槽
34 娯楽
35 暁
36 偽

37 惜
38 辛
39 請(乞)
40 渋
41 廃
42 竜巻
43 津波
44 苗木
45 粘
46 初霜
47 豚
48 瞬
49 旨
50 酔

# 第8日 (1)

## 読み

時間 15分 合格 40

得点 1回目 /50 2回目 /50

● 次の――線の読みをひらがなで記せ。

1 これから逐次刊行していく予定だ。
2 ビーニルハウスで種苗を育てる。
3 祖父は毎朝乾布摩擦をしている。
4 懲罰委員会にかけて判定される。
5 漆黒の闇を抜ける。
6 一大旋風を巻き起こす事象だ。
7 優しさが彼の身上だ。
8 警官が威嚇のための射撃を行う。
9 恩師の葬儀で悼辞を述べる。
10 病巣を摘出する手術を受ける。
11 恭順の意を表し深く頭を下げる。
12 どうも妄執にとらわれている。
13 彼の自由奔放な生き方が好きだ。
14 急遽《きょ》大使を召還する事態となる。
15 今年は雨が少なく渇水している。
16 あなたのご快癒を祈っています。
17 作品は彼のものと酷似している。
18 逓増しているとの報告があった。
19 慶事には母が料理の腕をふるう。
20 現代社会を冷徹な目で見ている。
21 空漠とした不安に襲われる。
22 醜聞を流すような行為は慎もう。

解答

1 ちくじ
2 しゅびょう
3 かんぷ
4 ちょうばつ
5 しっこく
6 せんぷう
7 しんじょう
8 いかく
9 とうじ
10 びょうそう
11 きょうじゅん
12 もうしゅう
13 ほんぽう
14 しょうかん
15 かっすい
16 かいゆ
17 こくじ
18 ていぞう
19 けいじ
20 れいてつ
21 くうばく
22 しゅうぶん

23 彼は高尚な趣味を持っている。
24 沸騰したやかんに気を付けよう。
25 災禍に見舞われた地域の視察。
26 スポーツ大会で惜敗する。
27 キャンセルすると返戻金がある。
28 議員の汚職を糾弾する。
29 試合に負けて発憤したようだ。
30 彼女は出家して尼僧になった。
31 怠惰な生活は解消しよう。
32 大会社の傘下に入らせてもらう。
33 自分の過ちを謙虚に認める。
34 余薫が部屋中に漂っている。
35 東西文化の融合を図ろう。
36 襟足の美しい女性にあこがれる。

37 母屋で暮らす祖母を訪ねる。
38 ツタが絡み付く教会の塀。
39 陛下のお言葉を賜る機会を得た。
40 ふてぶてしい面構えの少年だ。
41 もう既に手遅れだと告げられる。
42 畑の畝に夏野菜の苗を植える。
43 お客を懇ろにもてなす。
44 人前で歌うのは恥ずかしい。
45 景気回復の兆しが見える。
46 夜が更けても彼は戻らなかった。
47 大事な技術を腐らせる。
48 溝に落ちたごみを拾う。
49 今日はどうも厄日のようだ。
50 併せて君のご多幸をお祈りする。

23 こうしょう
24 ふっとう
25 さいか
26 せきはい
27 へんれい
28 きゅうだん
29 はっぷん
30 にそう
31 たいだ
32 さんか
33 けんきょ
34 よくん
35 ゆうごう
36 えりあし

37 おもや
38 から
39 たまわ
40 つらがま
41 すで
42 うね
43 ねんご
44 は
45 きざ
46 ふ
47 くさ
48 みぞ
49 やくび
50 あわ

# 第8日 (2)

## 部首、同音・同訓異字

時間 20分　合格 42

得点　1回目　/52　2回目　/52

● 次の漢字の部首を記せ。

〈例〉菜 〔艹〕　間 〔門〕

1 窯
2 幾
3 者
4 斥
5 覇
6 瓶
7 嗣
8 褒
9 恭
10 尚
11 赴
12 用
13 堕
14 摩
15 豆
16 酷
17 克
18 翁
19 煩
20 缶
21 再
22 殻
23 疫
24 衆

解答

1 穴
2 幺
3 耂
4 斤
5 覀
6 瓦
7 口
8 衣
9 ⺗
10 小
11 走
12 用
13 土
14 手
15 豆
16 酉
17 儿
18 羽
19 火
20 缶
21 冂
22 殳
23 疒
24 血

● 次の――線のカタカナを漢字に直せ。

1 腸内にはジョウザイ菌が多い。
2 ジョウザイの薬を服用する。
3 ジョウヨ金は来年度に繰り越す。
4 生存中に財産をジョウヨする。
5 噂《うわさ》のシンギのほどはわからない。
6 会議で課題をシンギする。
7 金魚を入れたスイソウを置く。
8 スイソウ楽部に所属している。
9 スミをすって書道の作品を書く。
10 鞄《かばん》を部屋のスミに置いた。
11 もはやセンタクの余地はない。
12 センタク物はもう乾いている。
13 センパクな知識を自省する。
14 センパクが港に停泊する。
15 ごソウケンで何よりだ。
16 皆の期待をソウケンに担う。
17 周囲からのソガイ感に悩む。
18 科学の進歩をソガイする言動。
19 今回の処分はダトウである。
20 宿敵をダトウする試合。
21 ツツシんでお祝いします。
22 粗野な言動をツツシむ。
23 相手に責任をテンカする。
24 食品テンカ物を調査する。
25 トウキのカップでお茶を飲む。
26 地価がトウキして手が出ない。
27 不法トウキの罪で調べられる。
28 不動産のトウキを行う。

解答

1 常在
2 錠剤
3 剰余
4 譲与
5 真偽
6 審議
7 水槽
8 吹奏
9 墨
10 隅
11 選択
12 洗濯
13 浅薄
14 船舶
15 壮健
16 双肩
17 疎外
18 阻害
19 妥当
20 打倒
21 謹
22 慎
23 転嫁
24 添加
25 陶器
26 騰貴
27 投棄
28 登記

# 第8日 (3)

## 書き取り

時間 20分　合格 40

得点　1回目　/50　2回目　/50

● 次の――線のカタカナを漢字に直せ。

1 他の球団へのイセキが決まった。
2 会社から突然カイコされる。
3 選外カサクをいくつか選ぶ。
4 部屋のカンキを常に心がける。
5 私生活をギセイにして働く。
6 基本的人権をキョウユウする。
7 トウゲイが私の趣味だ。
8 二人はずっとケンエンの仲だ。
9 祖母は近頃ヨウツウに悩んでいる。
10 コモンの先生が熱心に指導する。
11 経歴サショウが発覚する。
12 ジミに乏しい話は面白くない。
13 家の大広間でシュクエンを開く。
14 ジョウダンを言って笑わせる。
15 シンジュの指輪をして出かけた。
16 国のスウヨウな地位にある人物。
17 開会式で選手センセイをした。
18 ソウチョウな調べの曲が流れる。
19 戦略上の要地をダッカイした。
20 チュウショウ的な話は避けよう。
21 彼女は夫をテイシュと呼ぶ。
22 戸籍トウホンを市役所でもらう。

解答

1 移籍
2 解雇
3 佳作
4 換気
5 犠牲
6 享有
7 陶芸
8 犬猿
9 腰痛
10 顧問
11 詐称
12 滋味
13 祝宴
14 冗談
15 真珠
16 枢要
17 宣誓
18 荘重
19 奪回
20 抽象
21 亭主
22 謄本

23 ノウリョウ花火大会が開かれた。
24 ハチ植えでミニトマトを育てた。
25 問題発言で大臣がヒメンされた。
26 五重塔のフシンに携わる。
27 ヘイオン無事をお祈りします。
28 予算のボウチョウが課題だ。
29 事態の収拾にホンソウする。
30 読者をミリョウする作品を残す。
31 ヤッカイなことが起こった。
32 既に一刻のユウヨもない状況だ。
33 彼は若いのに態度がオウヘイだ。
34 その行動はリンリ的に問題だ。
35 梅雨の時期は空気がシメる。
36 このゲームにはもうアきた。

37 強い敵にもイドむ勇気が大事だ。
38 人をオトシイれてはいけない。
39 足にロープがカラんで倒れた。
40 コウゴウしい雰囲気の寺院だ。
41 当たりサワりのない話をする。
42 教員としてのジッセン的な力。
43 この問題をタナアげにするな。
44 協力してくれる仲間をツノる。
45 屋上から美しい景色をナガめる。
46 突然不安にオチイった。
47 非常識もハナハだしい行動だ。
48 フトコロ具合が良くなくて困る。
49 木のマドワクがある家。
50 明日は我が家のムネアげの日だ。

---

23 納涼
24 鉢
25 罷免
26 普請
27 平穏
28 膨張
29 奔走
30 魅了
31 厄介
32 猶予
33 横柄
34 倫理
35 湿
36 飽

37 挑
38 陥
39 絡
40 神神(々)
41 障
42 実践
43 棚上
44 募
45 眺
46 陥
47 甚
48 懐
49 窓枠
50 棟上

# 第9日 (1)

## 読み

時間 15分
合格 40

得点
1回目 /50
2回目 /50

● 次の――線の読みをひらがなで記せ。

1 泰然と構えて、敵と向き合う。
2 渉外の役は僕が引き受けよう。
3 アメーバの繊毛を観察する。
4 美術部で彫塑を専門としている。
5 砕石場での作業は忙しい。
6 適宜休憩をしながら作業しよう。
7 間一髪で凶刃をよける。
8 深甚なる敬意を表したい。
9 事件の核心に触れる話題だ。
10 この国の覇者として尊敬される。
11 財産を詐取した容疑で捕らえる。
12 弟はまだ稚拙な字を書いている。
13 嵐で船が岩礁に乗り上げる。
14 事件が起こり、遺憾に思う。
15 街の復興に尽力する。
16 日に焼けた褐色の肌をさらす。
17 こんな状況では悪循環だ。
18 国王への謁見が認められた。
19 湯治場でしばらく静養しよう。
20 戦争の惨禍に見舞われた。
21 事件の真相を如実に物語る。
22 空疎な意見を振り回すな。

### 解答

1 たいぜん
2 しょうがい
3 せんもう
4 ちょうそ
5 さいせき
6 きゅうけい
7 きょうじん
8 しんじん
9 かくしん
10 はしゃ
11 さしゅ
12 ちせつ
13 がんしょう
14 いかん
15 じんりょく
16 かっしょく
17 じゅんかん
18 えっけん
19 とうじ
20 さんか
21 にょじつ
22 くうそ

第1日 第2日 第3日 第4日 第5日 第6日 第7日 第8日 第9日 第10日 第11日 第12日 第13日 第14日

23 人前で醜態をさらす。
24 虚空に昇って去っていった。
25 兵糧攻めにあって負け戦となる。
26 村は、昔日の面影を残している。
27 国の疾病対策が公表される。
28 厳しく詰問され、号泣する。
29 思わぬ出来事に忘我の境に入る。
30 燃料が払底し、危機状態となる。
31 本会の慶弔規定を定める。
32 悠久の大地に一人たたずむ。
33 流浪の旅に出たいと思う。
34 入社以来、社長に盲従している。
35 予鈴が鳴ったので教室に入る。
36 寺で修行して煩悩を断つ。
37 蛇腹は伸縮自在である。
38 祭殿で神主が祝詞をあげる。
39 脚立に乗ってペンキを塗る。
40 朝から悪寒がして体がだるい。
41 梅の花がほのかに香る。
42 国を統べる王となるべき人だ。
43 角を矯めて牛を殺す。
44 手狭な教室を改造したい。
45 彼に謝るよう、母親に諭された。
46 彼は懐に手紙を忍ばせていた。
47 醜い争いは何とか避けたい。
48 日頃の憂さを晴らす。
49 真夏のスポーツは喉《のど》が渇く。
50 憤りの涙がこみ上げてくる。

---

23 しゅうたい
24 こくう
25 ひょうろう
26 せきじつ
27 しっぺい
28 きつもん
29 ぼうが
30 ふってい
31 けいちょう
32 ゆうきゅう
33 るろう
34 もうじゅう
35 よれい
36 ぼんのう

37 じゃばら
38 のりと
39 きゃたつ
40 おかん
41 かお
42 す
43 た
44 てぜま
45 さと
46 ふところ
47 みにく
48 う
49 かわ
50 いきどお

# 第9日 (2)

## 四字熟語

時間 20分
合格 24

得点
1回目 /30
2回目 /30

● 次の四字熟語の(1〜10)に入る適切な語を下の□の中から選び、漢字二字で記せ。また、後の11〜15の意味にあてはまるものをア〜コの四字熟語から一つ選び、記号で答えよ。

☐ア 一網( 1 )
☐イ ( 2 )定離
☐ウ 夏炉( 3 )
☐エ 閑話( 4 )
☐オ ( 5 )実直
☐カ ( 6 )粛正
☐キ ( 7 )烈日
☐ク ( 8 )酌量
☐ケ 初志( 9 )
☐コ 迅速( 10 )

えしゃ
かかん
かんてつ
きゅうだい
きんげん
こうき
しゅうそう
じょうじょう
だじん
とうせん

☐11 時期外れで役に立たない物事のたとえ。
☐12 裁判で犯罪者の事情を酌み取り、罪を軽減すること。
☐13 政治の方針や政治家の態度の乱れを正すこと。
☐14 一味の者を一度に捕らえつくすこと。
☐15 それはさておき。

解答

1 打尽
2 会者
3 冬扇
4 休題
5 謹厳
6 綱紀
7 秋霜
8 情状
9 貫徹
10 果敢

11 ウ
12 ク
13 カ
14 ア
15 エ

● 次の四字熟語の（1～10）に入る適切な語を下の□の中から選び、漢字二字で記せ。また、後の11～15の意味にあてはまるものをア～コの四字熟語から一つ選び、記号で答えよ。

ア 大願（ 1 ）
イ 昼夜（ 2 ）
ウ 内疎（ 3 ）
エ（ 4 ）連理
オ 面目（ 5 ）
カ 竜頭（ 6 ）
キ（ 7 ）同源
ク 高論（ 8 ）
ケ（ 9 ）曲直
コ 文人（ 10 ）

いしょく
がいしん
けんこう
じょうじゅ
ぜひ
たくせつ
だび
ひよく
ぼっかく
やくじょ

11 詩歌や書画など、文芸をたしなむ風雅な人。
12 最初は素晴らしく、終わりはつまらないこと。
13 休みなく仕事をすること。
14 夫婦がきわめて仲むつまじいことのたとえ。
15 その人の言動が十分にその名誉を高めるさま。

解答

1 成就
2 兼行
3 外親
4 比翼
5 躍如
6 蛇尾
7 医食
8 卓説
9 是非
10 墨客

11 コ
12 カ
13 イ
14 エ
15 オ

# 第9日(3) 書き取り

時間20分 合格40

得点 1回目 /50 2回目 /50

● 次の——線のカタカナを漢字に直せ。

1 相手にイッシを報いる戦いだ。
2 来年度予算をガイサン要求する。
3 それはカジョウ防衛である。
4 ガンキョウな体格の青年である。
5 父の歩んできたキセキをたどる。
6 キョウリュウ博物館を見学した。
7 事故をケイキに安全対策をとる。
8 事件のカチュウにある人物だ。
9 大雨によるコウズイが村を襲う。
10 コンイン届を市役所に出す。
11 仕事に失敗してサセンされた。
12 この回答ではシュコウし難い。
13 ジョウチョ豊かな風景画を描く。
14 シンスイしている作家の本だ。
15 野道でスズムシの鳴き声がする。
16 日曜の朝はいつもセンタクする。
17 式典で記念品をゾウテイする。
18 その判断は極めてダトウだ。
19 国家のチュウスウで活躍する。
20 テイネイな言葉遣いを心がける。
21 突然の事にドウヨウを隠せない。
22 市民運動のソセキとなる。

解答

1 一矢
2 概算
3 過剰
4 頑強
5 軌跡
6 恐竜
7 契機
8 渦中
9 洪水
10 婚姻
11 左遷
12 首肯
13 情緒
14 心酔
15 鈴虫
16 洗濯
17 贈呈
18 妥当
19 中枢
20 丁寧
21 動揺
22 礎石

23 米をハッコウさせて酒を作る。
24 永年勤続でヒョウショウされる。
25 法事でお寺におフセを包んだ。
26 これはヘイガイを伴う計画だ。
27 ホウテイでは真実を述べること。
28 数々のシュラバをくぐり抜ける。
29 彼女はミワク的な女優だ。
30 彼はユイイツ信頼できる人物だ。
31 これはユウリョすべきことだ。
32 人のことを考えるヨユウはない。
33 毎月の売り上げをルイケイする。
34 勝ちをアセったために失敗した。
35 イまわしい出来事が続いている。
36 行員をオドして現金を奪った。

37 カンバしい結果が得られない。
38 雪の下でコゴえる子猫を助けた。
39 捕虜としてシイタげられた経験。
40 ジヒ深い神父の言葉に救われる。
41 タマシイが抜けたような姿だ。
42 生糸をツムぐ仕事をする。
43 子どもをナくした親の悲しみ。
44 山のハに月が隠れていった。
45 行く手をハバむものは何もない。
46 道にヘビの抜け殻が落ちていた。
47 戦火をマヌカれることができた。
48 金魚鉢の中にモを少し入れる。
49 兄の消息は知るヨシもなかった。
50 平静をヨソオっているだけだ。

23 発酵
24 表彰
25 布施
26 弊害
27 法廷
28 修羅場
29 魅惑
30 唯一
31 憂慮
32 余裕
33 累計
34 焦
35 忌
36 脅

37 芳
38 凍
39 虐
40 慈悲
41 魂
42 紡
43 亡
44 端
45 阻
46 蛇
47 免
48 藻
49 由
50 装

# 第10日 (1)

## 読み

時間 15分
合格 40

得点
1回目 /50
2回目 /50

● 次の――線の読みをひらがなで記せ。

1 括弧の中を先に計算する。
2 原本はどうやら散逸したようだ。
3 霜害で農作物が収穫できない。
4 殉教者としての一生を送る。
5 塑像のデッサンに取り組む。
6 農家の嫡男として生まれる。
7 体のゆがみを矯正する。
8 代表して弔辞を述べる。
9 清涼な山の空気を吸う。
10 この国で疫病が流行している。
11 君には確かな洞察力がある。
12 両国の角逐は必至だ。
13 横綱が優勝して賜杯を受け取る。
14 軽侮の念を抱くのも無理はない。
15 硝煙反応が出たそうだ。
16 資金が枯渇してしまった。
17 まだ頑是ない子どもの仕業だ。
18 弦楽四重奏でチェロを弾く。
19 早く提出するように催促する。
20 徹宵の復旧作業で道は開通した。
21 この度はご愁傷さまです。
22 地方自治体に権限を委譲する。

解答

1 かっこ
2 さんいつ
3 そうがい
4 じゅんきょう
5 そぞう
6 ちゃくなん
7 きょうせい
8 ちょうじ
9 せいりょう
10 えきびょう
11 どうさつ
12 かくちく
13 しはい
14 けいぶ
15 しょうえん
16 こかつ
17 がんぜ
18 げんがく
19 さいそく
20 てっしょう
21 しゅうしょう
22 いじょう

23 機嫌のよい日に出かけようよ。
24 チームの陣容を改める。
25 国王に拝謁する機会に恵まれる。
26 彼もなかなか好事家だ。
27 賞品を懸けて精一杯戦った。
28 公務員の俸給を調べる。
29 彼はいつも妄想にふけっている。
30 よく吟味した食材を使う。
31 払暁の頃、彼はこの村を離れた。
32 誘拐犯はまだ捕まっていない。
33 実家は酪農業を営んでいる。
34 父は資金集めに奔走している。
35 妙な噂《うわさ》が流布しているようだ。
36 花嫁を披露する宴《うたげ》に出席する。

37 寄席に通って落語を楽しむ。
38 物見遊山の旅に出かける。
39 実力が伯仲している両チーム。
40 かわいい子犬が庭で戯れている。
41 都会を逃れて田舎で暮らす。
42 目覚ましい発展を遂げた。
43 乾ききった大地に雨が染み込む。
44 栄えある賞をいただく。
45 この町も寂れてしまったのだね。
46 初々しさがまぶしい少女。
47 前例に倣って準備をしよう。
48 彼の考えとは隔たりがある。
49 太い棟木を使って家を建築する。
50 公園の木陰に憩う人が多い。

23 きげん
24 じんよう
25 はいえつ
26 こうずか
27 か
28 ほうきゅう
29 もうそう
30 ぎんみ
31 ふつぎょう
32 ゆうかい
33 らくのう
34 ほんそう
35 るふ
36 ひろう

37 よせ
38 ゆさん
39 はくちゅう
40 たわむ
41 のが
42 と
43 かわ
44 は
45 さび
46 ういうい
47 なら
48 へだ
49 むなぎ
50 いこ

# 第10日 (2)

# 誤字訂正、対義語・類義語

時間20分
合格28

得点
1回目 /34
2回目 /34

● 次の各文にまちがって使われている同じ読みの漢字が一字ある。上に誤字を、下に正しい漢字を記せ。

1 会社の損益となったが、日頃の堅実さを考慮して温便な処置とした。

2 都市近郊の避暑地で友人たちと憩う茶渇色の髪の少女に恋をした。

3 敵は背後から企襲攻撃をしてきたが、一致団結して迎え撃った。

4 地元企業への就職を継機に懐かしい故郷に永住する決心を固めた。

5 罪のない高齢者を標的にした効妙な手口の詐欺が横行している。

6 設備投資による多額の負済を抱えて会社は危機的状況にある。

7 ここは大豆を発酵させて作る納豆の発承の地であり、石碑も建っている。

8 署名活動など国民の目線で腐敗政治を醸化する地道な活動を行う団体。

9 歳末は警察の飲酒運転の一勢取り締まり検問が恒例となっている。

10 児童生徒の学力低下が著しく、適切な租置を講じる必要がある。

11 学校の退震診断の結果、避難場所として不適切なことが判明した。

12 賢明な企業は、まず世界経済の情勢を覇握し分析することから始める。

13 海上で故障した船は救助の無線連絡がつかぬまま無人島に標着した。

14 景気後退による税収が伸び悩む中、地方財政は塁積赤字に悩んでいる。

**解答**

1 温・穏
2 渇・褐
3 企・奇
4 継・契
5 効・巧
6 済・債
7 承・祥
8 醸・浄
9 勢・斉
10 租・措
11 退・耐
12 覇・把
13 標・漂
14 塁・累

●次の1～10の対義語、11～20の類義語を下の□の中から選び、漢字で記せ。□の中の語は一度だけ使うこと。

**対義語**

1 強硬
2 軽侮
3 浪費
4 純白
5 設置
6 特殊
7 凡才
8 枯渇
9 低俗
10 末端

**類義語**

11 架空
12 傾倒
13 困苦
14 残念
15 推移
16 阻害
17 不意
18 監禁
19 心配
20 無口

いかん・いつざい
かもく・きょこう
けねん・こうしょう
しっこく・じゃま
じゅんたく・しんさん
しんすい・すうはい
せつやく・ちゅうすう
てっきょ・とうとつ
なんじゃく・ふへん
へんせん・ゆうへい

**解答**

1 軟弱
2 崇拝
3 節約
4 漆黒
5 撤去
6 普遍
7 逸材
8 潤沢
9 高尚
10 中枢
11 虚構
12 心酔
13 辛酸
14 遺憾
15 変遷
16 邪魔
17 唐突
18 幽閉
19 懸念
20 寡黙

# 第10日 (3) 書き取り

時間 20分
合格 40

得点
1回目 /50
2回目 /50

● 次の——線のカタカナを漢字に直せ。

1 皆イッセイにスタートを切る。
2 縄文時代のカイヅカの跡。
3 カソの村には子どもが少ない。
4 円高カンゲンの大売り出しだ。
5 キソカと応用力の両方が必要だ。
6 立ち退きをキョヒする権利。
7 ケイコクにかかる吊《つ》り橋を渡る。
8 インターネットでケンサクする。
9 何事もコウテイ的に考えなさい。
10 寺では朝夕にゴンギョウをする。
11 身の回りにはザッキンがある。
12 シャショウが乗車券を確認する。
13 ジュンカンバスで見学に行く。
14 ショウテンが定まらない話だ。
15 授業料減免のためのシンセイ書。
16 きれいなスハダの女性だ。
17 数あるセンタクシの中から選ぶ。
18 ゾウワイの疑いで逮捕された。
19 全身ダボクのために入院した。
20 彼は有名なチョウコク家だ。
21 処分テッカイのための手続き。
22 職場のドウリョウと旅行する。

解答

1 一斉
2 貝塚
3 過疎
4 還元
5 基礎
6 拒否
7 渓谷
8 検索
9 肯定
10 勤行
11 雑菌
12 車掌
13 循環
14 焦点
15 申請
16 素肌
17 選択肢
18 贈賄
19 打撲
20 彫刻
21 撤回
22 同僚

23 ヘンケンを持つのは良くない。
24 歌は時代とともにヘンセンする。
25 南側のビョウトウに入院中だ。
26 フゼイのある風景を描く画家。
27 彼はヘイコウ感覚に優れている。
28 神社に神楽をホウノウする。
29 敵のとりでがカンラクする。
30 秘仏が特別にカイヒされる。
31 ズイショに工夫が見られる家。
32 ユウレイが出るという噂《うわさ》だ。
33 北海道でラクノウを営んでいる。
34 資金の調達にベンギを図る。
35 相手をアナドってはいけない。
36 食糧難のためにウえた子がいる。

37 明日早々に転勤先にオモムこう。
38 景気回復のキザしが見えない。
39 無理な要求だとコバまれた。
40 火の勢いがようやくシズまる。
41 雨の高速道路はスベりやすい。
42 ご協力をタマワり感謝します。
43 ツラ構えのふてぶてしい男。
44 会社のナイフンに巻き込まれた。
45 常に格好のハえない人である。
46 ハモノを研ぐ仕事をしている。
47 ホタルが乱舞する川辺を歩く。
48 帽子をマブカにかぶった少年。
49 モに服すため新年の挨拶を省く。
50 歌をヨむのが退職後の楽しみだ。

23 偏見
24 変遷
25 病棟
26 風情
27 平衡
28 奉納
29 陥落
30 開扉
31 随所
32 幽霊
33 酪農
34 便宜
35 侮
36 飢

37 赴
38 兆
39 拒
40 鎮
41 滑
42 賜
43 面
44 内紛
45 栄
46 刃物
47 蛍
48 目深
49 喪
50 詠

# 第11日 (1)

## 読み

時間 15分
合格 40

得点
1回目 /50
2回目 /50

● 次の——線の読みをひらがなで記せ。

1 閣僚の名簿を提出する。
2 衷心よりお悔やみ申し上げます。
3 欧州に広がる洪積層を学ぶ。
4 人倫にもとる行為だと非難する。
5 高校野球で全国を制覇する。
6 彼は唯物的な考え方で論じた。
7 今回は激甚災害と言えよう。
8 鉄道を敷設する工事が始まった。
9 物価が急速に騰貴する。
10 一抹の不安を感じて出かける。
11 著作本を謹呈する。
12 滋養の高い食物を取りなさい。
13 早々と撤退した方が良い。
14 君の息子は俊傑として成長する。
15 鳥類の営巣本能を利用する。
16 ミサイルを搭載した爆撃機。
17 彼は今、渦中の人だ。
18 故郷への思慕の念が募る。
19 先生は含蓄のあるお話をされた。
20 図書を整理して廃棄処分にする。
21 自己嫌悪に陥るような行動だ。
22 漠然とした考え方で対処する。

解答

1 かくりょう
2 ちゅうしん
3 こうせきそう
4 じんりん
5 せいは
6 ゆいぶつてき
7 げきじん
8 ふせつ
9 とうき
10 いちまつ
11 きんてい
12 じよう
13 てったい
14 しゅんけつ
15 えいそう
16 とうさい
17 かちゅう
18 しぼ
19 がんちく
20 はいき
21 けんお
22 ばくぜん

第1日
第2日
第3日
第4日
第5日
第6日
第7日
第8日
第9日
第10日
第11日
第12日
第13日
第14日

23 資金繰りに**狂奔**せねばならない。

24 政府間で**借款**が行われる。

25 彼は**財閥**の御曹司である。

26 修行場で**座禅**に取り組む。

27 これは**頻出**語句だから覚えよう。

28 浦島太郎《うらしまたろう》が亀の**甲羅**に乗る。

29 祖父は米軍の**捕虜**となった。

30 各人の意見を**総括**する。

31 **奇矯**なふるまいに皆が戸惑った。

32 昭和の時代を**網羅**した資料だ。

33 道の**普請**は地域の皆で行った。

34 この仕事の**報酬**はいただいた。

35 事態の解決のため**訴訟**を起こす。

36 早起解決のため**善処**する。

37 彼の**猿知恵**に騙《だま》されるな。

38 アルバイトをして学費を**稼**いだ。

39 入学に際し**誓**いの言葉を述べる。

40 祖父の菩提《ぼだい》を手厚く**弔**った。

41 成績がどうも**芳**しくないようだ。

42 彼の強靭《じん》な体は**鋼**のようだ。

43 真相は闇から闇へ**葬**り去られた。

44 先生に相談したい**旨**を告げる。

45 この度の失敗を**償**わせてほしい。

46 新鮮な野菜が食卓を**彩**っている。

47 おいしい郷土料理に**舌鼓**を打つ。

48 **競**り合った試合に勝利した。

49 適度な**湿**り具合で心地良い。

50 **潔**くあきらめて次回に備えよう。

23 きょうほん
24 しゃっかん
25 ざいばつ
26 ざぜん
27 ひんしゅつ
28 こうら
29 ほりょ
30 そうかつ
31 ききょう
32 もうら
33 ふしん
34 ほうしゅう
35 そしょう
36 ぜんしょ

37 さるぢえ
38 かせ
39 ちか
40 とむら
41 かんば
42 はがね
43 ほうむ
44 むね
45 つぐな
46 いろど
47 したつづみ
48 せ
49 しめ
50 いさぎよ

# 第11日 (2)

## 熟語の構成、漢字と送りがな

時間 20分 合格 36

得点 1回目 /45 2回目 /45

● 熟語の構成のしかたには次のようなものがある。

ア 同じような意味の漢字を重ねたもの（岩石）
イ 反対または対応の意味を表す字を重ねたもの（高低）
ウ 上の字が下の字を修飾しているもの（洋画）
エ 下の字が上の字の目的語・補語になっているもの（着席）
オ 上の字が下の字の意味を打ち消しているもの（非常）

次の熟語は右のア～オのどれにあたるか、一つ選び、記号で答えよ。

1 栄辱
2 離礁
3 扶助
4 検疫
5 興廃

6 拙劣
7 旋風
8 親疎
9 不偏
10 環礁

11 防疫
12 無尽
13 硝煙
14 贈賄
15 寡少

16 任免
17 酷似
18 帰還
19 殉教
20 繁閑

解答

1 イ 2 エ 3 ア 4 エ 5 イ 6 ア 7 ウ 8 イ 9 オ 10 ウ 11 エ 12 オ 13 ウ 14 エ 15 ア 16 イ 17 ウ 18 ア 19 エ 20 イ

● 次の――線のカタカナを漢字一字と送りがな（ひらがな）に直せ。

〈例〉 問題にコタエル。 答える

1 それは自らをイヤシメル行為だ。
2 イマワシイ思い出のある地だ。
3 愛情にウエル子を救いたい。
4 土砂崩れで道路がウモレル。
5 恵みの雨で田畑がウルオウ。
6 人を窮地にオトシイレルな。
7 心のオモムクままに行動する。
8 選手をキタエル環境が整った。
9 常識をクツガエス判決だった。
10 工夫をコラシて作り上げた。
11 泥棒はいつも足音をシノバセル。
12 ここに腰をスエルことにした。
13 ズボンのすそが地面にスレル。
14 健康をソコナウことがある。
15 手をタズサエルことにした。
16 盆栽の枝を針金でタメル。
17 白菜を塩でツケルのが得意だ。
18 志をトゲルまで諦めない。
19 春になると木の芽がフクラム。
20 夜がフケルまで語り続けた。
21 彼の勇気ある行動をホメル。
22 マギラワシイ名前の商品だ。
23 安くてうまいとモッパラ評判だ。
24 ユルヤカナ流れの川がある。
25 人口が減り続け町がスタレル。

解答

1 卑しめる
2 忌まわしい
3 飢える
4 埋もれる
5 潤う
6 陥れる
7 赴く
8 鍛える
9 覆す
10 凝らし
11 忍ばせる
12 据える
13 擦れる
14 損なう
15 携える
16 矯める
17 漬ける
18 遂げる
19 膨らむ
20 更ける
21 褒める
22 紛らわしい
23 専ら
24 緩やかな
25 廃れる

# 第11日 (3)

## 書き取り

時間 20分　合格 40

得点　1回目 /50　2回目 /50

● 次の――線のカタカナを漢字に直せ。

1 万事イロウのないようにせよ。
2 言葉のガイネンをしっかり持つ。
3 自由ホンポウな生き方をする。
4 生涯ガンコに自らの信念を通す。
5 事件について強くキツモンする。
6 人生のキロとなった出来事だ。
7 ケイハツ活動で理解者を増やす。
8 ゲンシュクな雰囲気で式を行う。
9 ゴウテイが立ち並ぶ道を歩く。
10 今日のコンダテは私の好物だ。
11 米国のサンカにある企業。
12 下心があるとジャスイされる。
13 警察官がジュンショクした事件。
14 山林を息子にジョウトする。
15 常にジンソクな対応が大切だ。
16 セイオウ文化を学んで帰国した。
17 センバン実習は機械科の必修だ。
18 時間にソクバクされない生活。
19 日曜日の朝はダミンをむさぼる。
20 世界記録にチョウセンしている。
21 テツガク者として有名な人物。
22 新聞社にトクメイの葉書を出す。

解答

1 遺漏
2 概念
3 奔放
4 頑固
5 詰問
6 岐路
7 啓発
8 厳粛
9 豪邸
10 献立
11 傘下
12 邪推
13 殉職
14 譲渡
15 迅速
16 西欧
17 旋盤
18 束縛
19 惰眠
20 挑戦
21 哲学
22 匿名

23 ハイエンにかかり入院した。
24 江戸幕府が出した武家諸ハット。
25 生ビョウホウは大怪我《け》のもと。
26 人材がフッテイして困っている。
27 沖縄は日本にヘンカンされた。
28 努力に対するホウビの品。
29 彼はホンヤクの仕事をしている。
30 それは余りにムボウな行動だ。
31 加熱後ユウカイして液体になる。
32 ユウワクに負けて悪の道に走る。
33 航海にはラシンバンが必要だ。
34 彼は強いレイカンの持ち主だ。
35 悪事は最後にはアバかれる。
36 彼はウデのいい料理人である。

37 風カオる五月の空のもとで遊ぶ。
38 毛糸がカラまってほどけない。
39 悪人をコらしめる水戸黄門《みとこうもん》。
40 先輩をシタって野球部に入る。
41 部屋のスミにゴミ箱を置く。
42 機械の回転がニブい。
43 最後まで初心をツラヌきなさい。
44 母校をナツかしく思い出す。
45 何をするにもニンタイが大事だ。
46 一芸にヒイでた人を入学させる。
47 自らのホッするままに行動する。
48 マボロシの名画と言われる作品。
49 彼が帰郷したとモッパらの噂《うわさ》だ。
50 お湯をワかしてお茶を入れる。

23 肺炎
24 法度
25 兵法
26 払底
27 返還
28 褒美
29 翻訳
30 無謀
31 融解
32 誘惑
33 羅針盤
34 霊感
35 暴
36 腕

37 薫
38 絡
39 懲
40 慕
41 隅
42 鈍
43 貫
44 懐
45 忍耐
46 秀
47 欲
48 幻
49 専
50 沸

# 第12日 (1)

## 読み

時間 15分 合格 40

得点 1回目 /50 2回目 /50

● 次の——線の読みをひらがなで記せ。

1 国が租借している土地を調べる。
2 国家の中枢として活躍する。
3 襲名披露興行を行う。
4 両者には雲泥の差がある。
5 赤字路線の撤廃が叫ばれる。
6 誠にご同慶の至りです。
7 これを渡すから堪忍してくれ。
8 経歴の詐称は許されない。
9 媒酌人を伯父夫妻に頼む。
10 神仏の前で精進潔斎する。
11 外部からの音を遮断する。
12 この市場は寡占の状況にある。
13 懸案事項をこれから検討しよう。
14 懲戒処分を甘んじて受ける。
15 彼は若手の俊才として評判だ。
16 拷問は禁止されている。
17 私に賠償の責任はない。
18 滋味にあふれたエッセイを読む。
19 文部科学省が推奨する映画。
20 彼は一矢報いる反論を行った。
21 琴線に触れる彼の話に感銘した。
22 高原の清澄な空気を楽しむ。

### 解答

1 そしゃく
2 ちゅうすう
3 しゅうめい
4 うんでい
5 てっぱい
6 どうけい
7 かんにん
8 さしょう
9 ばいしゃく
10 けっさい
11 しゃだん
12 かせん
13 けんあん
14 ちょうかい
15 しゅんさい
16 ごうもん
17 ばいしょう
18 じみ
19 すいしょう
20 いっし
21 きんせん
22 せいちょう

23 伯母は昨年褒章の栄誉に輝いた。
24 我々は基本的人権を享有する。
25 華族制度で伯爵の地位にあった。
26 剛直な人柄で好かれている。
27 荘厳なミサの空気を肌で感じる。
28 彼女が演奏する曲を採譜する。
29 山頂は冠雪していた。
30 暴力を撲滅する活動に取り組む。
31 門扉を施錠し、防犯対策をする。
32 途上国の飢餓の状況が伝わる。
33 唯美主義は耽《たん》美主義とも言う。
34 ただ羅列しただけでは駄目だよ。
35 最近地震が頻発している。
36 山の輪郭がぼんやり見えた。

37 他界した祖母の回向を行う。
38 大統領に就任する。
39 コップの茶渋を洗剤で洗い流す。
40 菩薩《ぼさつ》が権化として現れた。
41 どうもこの水は泥臭い。
42 偏りのある食事は避けなさい。
43 彼にまんまと謀られてしまった。
44 夜更かしは体に障るよ。
45 火照った顔をタオルで冷やす。
46 棟上げの当日は雨模様だった。
47 料理は塩味がよく利いている。
48 君の態度は彼を卑しめる。
49 母親の機嫌を損ねてしまった。
50 彼の努力は研究の礎を築いた。

---

23 ほうしょう
24 きょうゆう
25 はくしゃく
26 ごうちょく
27 そうごん
28 さいふ
29 かんせつ
30 ぼくめつ
31 もんぴ
32 きが
33 ゆいび
34 られつ
35 ひんぱつ
36 りんかく

37 えこう
38 しゅうにん
39 ちゃしぶ
40 ごんげ
41 どろくさ
42 かたよ
43 はか
44 さわ
45 ほて
46 むねあ
47 き
48 いや
49 そこ
50 いしずえ

# 第12日 (2)

## 部首、同音・同訓異字





● 次の漢字の部首を記せ。

〈例〉菜 [艹] 間 [門]

1 衛
2 履
3 妄
4 琴
5 献
6 羅
7 喪
8 漸
9 慮
10 辱
11 畝
12 勅
13 塑
14 屯
15 扉
16 享
17 稼
18 幣
19 隻
20 髄
21 臭
22 閥
23 弔
24 朕

解答

1 行
2 尸
3 女
4 王
5 犬
6 罒
7 口
8 氵
9 心
10 辰
11 田
12 力
13 土
14 屮
15 戸
16 亠
17 禾
18 巾
19 隹
20 骨
21 自
22 門
23 弓
24 月

● 次の——線のカタカナを漢字に直せ。

1 筆をトって回想をまとめる。
2 野草をトって天ぷらにする。
3 かみそりのハを交換する。
4 山のハに沈む太陽がきれいだ。
5 落ち葉をハいてたき火をする。
6 ハき物を玄関に並べる。
7 人材ハケン会社に勤める。
8 競技会のハケンをかけて争う。
9 結婚式のヒロウ宴に出席する。
10 残業続きでヒロウがたまる。
11 もう夜もフけたので帰ろう。
12 まだまだフける年ではない。
13 成績フシンで戦力外となる。
14 会社の再建にフシンする。
15 私のフヨウ家族は母と娘だ。
16 気球が大空にフヨウする。
17 ヘイコウな直線は交わらない。
18 ヘイコウ感覚を保ち続ける。
19 物価がボウトウして苦しむ庶民。
20 会議のボウトウで挨拶する。
21 かわいい子犬をホウヨウする。
22 彼はホウヨウ力のある人間だ。
23 壊れた屋根をフシンする。
24 フシンな人物が現れたらしい。
25 固体がユウカイする温度。
26 ユウカイ事件が無事解決した。
27 彼の安否を思いワズラう。
28 長い間のワズラいで入院する。

解答

1 執 2 採 3 刃 4 端 5 掃 6 履 7 派遣 8 覇権 9 披露 10 疲労 11 更 12 老 13 不振 14 腐心
15 扶養 16 浮揚 17 平行 18 平衡 19 暴騰 20 冒頭 21 抱擁 22 包容 23 普請 24 不審 25 融解 26 誘拐 27 煩 28 患

# 第12日(3)　書き取り

時間 20分
合格 40

得点
1回目　／50
2回目　／50

● 次の――線のカタカナを漢字に直せ。

1 短歌ではインリツが求められる。
2 豚をカイボウして死因を調べた。
3 夏休みにカッショクの肌になる。
4 任務のカンスイが私の務めだ。
5 人工衛星がキドウに乗った。
6 キンコウした力を持つ両チーム。
7 取引先とのケイヤクを更新する。
8 人のゲンチを取るのは卑怯《きょう》だ。
9 世論の力で大臣をコウテツする。
10 北海道の有名なコンブの産地。
11 サンガク捜索隊の一員となる。
12 病院で器具をシャフツして使う。
13 ジュンスイな気持ちを維持する。
14 車のショウトツ事故が絶えない。
15 全治一ヶ月とシンダンされた。
16 もう少しセイシュクに願います。
17 様々な困難とソウグウする。
18 後日ソショウ事件へと発展した。
19 ダラクした生活を送りたくない。
20 店のチョウボ管理を任される。
21 古い建物をテッキョする作業だ。
22 トコナツの国ハワイに遊ぶ。

解答

1 韻律
2 解剖
3 褐色
4 完遂
5 軌道
6 均衡
7 契約
8 言質
9 更迭
10 昆布
11 山岳
12 煮沸
13 純粋
14 衝突
15 診断
16 静粛
17 遭遇
18 訴訟
19 堕落
20 帳簿
21 撤去
22 常夏

23 ハイケイは手紙の冒頭の言葉だ。
24 最近はハッポウ酒を飲んでいる。
25 ケイリュウでつりを楽しむ。
26 株価のトウラクを予想する。
27 キギを得た適切な措置をとる。
28 事件は闇にホウムられた。
29 彼はボンヨウな人物と見られる。
30 酒のメイガラにこだわりを持つ。
31 ユウカンな行動を褒め称《たた》える。
32 仲間が集まるととてもユカイだ。
33 単なる文字のラレツではない。
34 毎朝、乾布摩擦をレイコウする。
35 これ以上アヤマちを繰り返すな。
36 去る者は日々にウトしと言う。

37 アルバイトで生活費をカセぐ。
38 好きキラいをしてはいけない。
39 母は人形作りにコっている。
40 額から汗がシタタり落ちる。
41 姉はスミエの教室に通っている。
42 子どもたちが公園でタワムれる。
43 収支がツり合う必要がある。
44 いつもナマけていてはいけない。
45 ハガネは鉄を主成分とする。
46 高血圧なので塩分をヒカえる。
47 恥ずかしくて耳まで赤くホテる。
48 月に一度は床をミガいている。
49 必ずもとの所にモドしなさい。
50 解決に向けてのワクグみ。

23 拝啓
24 発泡
25 渓流
26 騰落
27 機宜
28 葬
29 凡庸
30 銘柄
31 勇敢
32 愉快
33 羅列
34 励行
35 過
36 疎

37 稼
38 嫌
39 凝
40 滴
41 墨絵
42 戯
43 釣
44 怠
45 鋼
46 控
47 火照
48 磨
49 戻
50 枠組

# 第13日 (1)

## 読み

時間 15分
合格 40

得点
1回目 /50
2回目 /50

● 次の——線の読みをひらがなで記せ。

1 沖天の勢いで名を知らしめる。
2 彼は剛腹で些《さ》事にこだわらない。
3 懲役五年の刑に処する。
4 それは自意識過剰だよ。
5 春宵の情趣は千金にも代え難い。
6 平素の疎遠を心より詫《わ》びる。
7 指導要領を逸脱してはならない。
8 将来に禍根を残すことになる。
9 不運にも災厄が降りかかった。
10 あまりの絶望に喪心状態となる。
11 寛容な態度で人と接する。
12 殉死した人々の霊を弔う。
13 睡魔に襲われないようにする。
14 自分を殴打したい気分だ。
15 索引で内容を確認する。
16 占領地から撤兵することにした。
17 勝敗には拘泥しないで闘おう。
18 遮光の機能が高いカーテン。
19 狭量な人物は細事にこだわる。
20 高名な武将が覇業を遂げた。
21 水道管が破裂して道が陥没する。
22 擬音の効果がよく表れる。

解答

1 ちゅうてん
2 ごうふく
3 ちょうえき
4 かじょう
5 しゅんしょう
6 そえん
7 いつだつ
8 かこん
9 さいやく
10 そうしん
11 かんよう
12 じゅんし
13 すいま
14 おうだ
15 さくいん
16 てっぺい
17 こうでい
18 しゃこう
19 きょうりょう
20 はぎょう
21 かんぼつ
22 ぎおん

23 爵位は昭和二十二年に廃止された。
24 下弦の月を観賞する。
25 父は吟醸酒を好んで飲む。
26 厄介な出来事が彼を襲った。
27 彼と私は相互扶助の関係だ。
28 彼は絵画史上傑出した存在だ。
29 法曹界で活躍するのを夢見る。
30 彼の御尊父が逝去された。
31 契約不履行は避けられない。
32 彼らは昔から犬猿の仲だ。
33 年齢不詳の紳士が訪ねてきた。
34 虜囚の身から解放される。
35 由緒正しい血統書を持っている。
36 機械紡織の盛んな地域に住む。

37 叔父は従容たる態度で応対する。
38 業界の猛者として名を馳《は》せる。
39 医師の傍ら作家として活躍する。
40 遠くの村に姉は嫁いでいった。
41 彼の明るさは場を和ませる。
42 役員会に諮って原案を検討する。
43 この時計は正確に時を刻む。
44 ご飯は寮内で賄ってくれる。
45 経験不足は否めない。
46 花瓶に花を挿し、部屋を飾る。
47 今朝は殊に冷え込みが厳しい。
48 彼の虐げられた人生を聞いた。
49 甘い言葉で唆されてはいけない。
50 我が子を慈しみ、育てる。

23 しゃくい
24 かげん
25 ぎんじょう
26 やっかい
27 ふじょ
28 けっしゅつ
29 ほうそう
30 せいきょ
31 りこう
32 けんえん
33 ふしょう
34 りょしゅう
35 ゆいしょ
36 ぼうしょく

37 しょうよう
38 もさ
39 かたわ
40 とつ
41 なご
42 はか
43 きざ
44 まかな
45 いな
46 さ
47 こと
48 しいた
49 そそのか
50 いつく

# 第13日 (2)

# 四字熟語



時間20分 合格24

得点 1回目 /30 2回目 /30

● 次の四字熟語の（1～10）に入る適切な語を下の□の中から選び、漢字二字で記せ。また、後の11～15の意味にあてはまるものをア～コの四字熟語から一つ選び、記号で答えよ。

ア 一陽（ 1 ）
イ（ 2 ）篤実
ウ（ 3 ）自在
エ（ 4 ）壮大
オ 空中（ 5 ）
カ（ 6 ）令色
キ 自由（ 7 ）
ク（ 8 ）潔斎
ケ（ 9 ）滅裂
コ 森羅（ 10 ）

おんこう
かんきゅう
きう
こうげん
しょうじん
しり
ばんしょう
ほんぽう
らいふく
ろうかく

11 肉食を断って身を清めること。
12 心の持ち方が大きくて立派なこと。
13 宇宙に存在する数限りない一切の物事。
14 悪いことが続いたあと、幸運に向かうこと。
15 口先がうまく顔つきを和らげて人にこびへつらうこと。

解答

1 来復　2 温厚　3 緩急　4 気宇　5 楼閣　6 巧言　7 奔放　8 精進　9 支離　10 万象

11 ク　12 エ　13 コ　14 ア　15 カ

● 次の四字熟語の（1〜10）に入る適切な語を下の□の中から選び、漢字二字で記せ。また、後の11〜15の意味にあてはまるものをア〜コの四字熟語から一つ選び、記号で答えよ。

ア 泰然（ 1 ）
イ 朝令（ 2 ）
ウ 内憂（ 3 ）
エ（ 4 ）妥当
オ 唯我（ 5 ）
カ 累世（ 6 ）
キ 教唆（ 7 ）
ク（ 8 ）迅雷
ケ 大慈（ 9 ）
コ 冷汗（ 10 ）

がいかん
さんと
じじゃく
しっぷう
せんどう
だいひ
どうきょ
どくそん
ふへん
ぼかい

11 ゆったりと落ち着いて平常と変わらないさま。
12 素早く激しいこと。
13 非常に恥ずかしいこと。
14 ひとりよがり。
15 命令や方針がたえず変わって、あてにならないこと。

解答

1 自若
2 暮改
3 外患
4 普遍
5 独尊
6 同居
7 扇動
8 疾風
9 大悲
10 三斗

11 ア
12 ク
13 コ
14 オ
15 イ

# 第13日 (3)

## 書き取り

時間20分 合格40

得点 1回目 /50 2回目 /50

● 次の――線のカタカナを漢字に直せ。

1 鳴門《なると》のウズシオ見学に行った。
2 カキネを取りはらって話し合う。
3 カッスイ対策について検討した。
4 日本海にカンタイを配備する。
5 そろそろキュウケイしませんか。
6 都市のキンコウでの野菜栽培。
7 競技場に大会旗をケイヨウした。
8 少子化傾向がケンチョな状況。
9 物価がコウトウし続けている。
10 法隆寺《ほうりゅうじ》がコンリュウされた時代。
11 ザンテイ的な対応として認める。
12 いつもジャマ者扱いされている。
13 社員の行動をショウアクする。
14 体力がショウモウして限界だ。
15 粗品をシンテイしています。
16 セイソウを重ねて五十年の母校。
17 父のソウケンにかかる社の命運。
18 必要とされるソチをすぐにとる。
19 人に責任をテンカしてはいけない。
20 屋上からのチョウボウは見事だ。
21 玄関先のテッピを開けておく。
22 ドジョウが悪く作物が育たない。

解答

1 渦潮 2 垣根 3 渇水 4 艦隊 5 休憩 6 近郊 7 掲揚 8 顕著 9 高騰 10 建立 11 暫定
12 邪魔 13 掌握 14 消耗 15 進呈 16 星霜 17 双肩 18 措置 19 転嫁 20 眺望 21 鉄扉 22 土壌

23 バイショウ命令が下された。
24 ハバツ争いを二度と繰り返すな。
25 ひったくり事件がヒンパツする。
26 新しい先生がフニンしてきた。
27 何事にもユウズウがきかない。
28 再会を喜びホウヨウを交わした。
29 水道管のマイセツ工事を行う。
30 清盛《きよもり》の死後平家もメツボウした。
31 ユウキュウの昔をしのぶ。
32 業者とのユチャク構造を明かす。
33 フグのランソウには猛毒がある。
34 レイセツを守れと教えられた。
35 目がアラい織物で作った着物。
36 発言をウナガしたが無駄だった。

37 業績の悪化がイチジルしい。
38 台所でこげクサいにおいがする。
39 出かける前に財布をサガす。
40 人目をシノびひっそりと暮らす。
41 最後までスれ違ったままの議論。
42 再起をチカって練習に励んだ。
43 弓のツルをカ一杯引き矢を放つ。
44 前例にナラって計画を立てた。
45 膝が痛く靴下をハくのが困難だ。
46 ヒガタにすむ生き物を観察する。
47 真っ赤なホノオが燃えさかる。
48 ミサオを守り続ける。
49 友人たちが送別会をモヨオす。
50 病気をワズラって十年になる。

---

23 賠償
24 派閥
25 頻発
26 赴任
27 融通
28 抱擁
29 埋設
30 滅亡
31 悠久
32 癒着
33 卵巣
34 礼節
35 粗
36 促

37 著
38 臭
39 捜(探)
40 忍
41 擦
42 誓
43 弦
44 倣
45 履
46 干潟
47 炎
48 操
49 催
50 患

# 第14日 (1)

## 読み

時間 15分
合格 40

得点
1回目 /50
2回目 /50

● 次の——線の読みをひらがなで記せ。

1 この茶わんはまれに見る逸品だ。
2 贈賄の容疑で逮捕された。
3 俊秀の兄を見習いたい。
4 統括責任者は誰なのだろう。
5 詐欺の被害が急増する。
6 組織培養の実験を行う。
7 法令を遵守するのは当然だ。
8 彼の因循な態度は腹立たしい。
9 情状酌量の上、減刑される。
10 挿話として彼の生い立ちを書く。
11 祖父は仏道に帰依して過ごした。
12 健康的な赤銅色の肌を露出する。
13 均衡を破る出来事が起こる。
14 軍隊が駐屯地にとどまっている。
15 下肢が不自由で杖《つえ》を愛用する。
16 責任を転嫁してはいけない。
17 病気の兆候は前からあった。
18 不肖の息子をお許しください。
19 果汁百パーセントのジュース。
20 友人関係の悪化が懸念される。
21 ひなびた風景に旅愁を覚える。
22 泥棒を捕まえる。

解答

1 いっぴん
2 ぞうわい
3 しゅんしゅう
4 とうかつ
5 さぎ
6 ばいよう
7 じゅんしゅ
8 いんじゅん
9 しゃくりょう
10 そうわ
11 きえ
12 しゃくどう
13 きんこう
14 ちゅうとん
15 かし
16 てんか
17 ちょうこう
18 ふしょう
19 かじゅう
20 けねん
21 りょしゅう
22 どろぼう

23 崇高な精神として賞賛される。
24 謹啓いかがお過ごしですか。
25 長年の功績により褒賞された。
26 宰領として一団を取り締まる。
27 法務大臣が更迭される。
28 約款を確かめて契約に応じる。
29 硫酸は酸性の強い液体である。
30 解熱効果のある薬を服用する。
31 敵の牙城に迫る勢いだ。
32 父は枢要な政務に就いている。
33 物価が高騰し、生活に窮する。
34 読書が唯一の趣味だ。
35 あなたを侮辱するつもりはない。
36 何事も中庸を心がけたい。
37 数寄屋造りの家屋は涼しい。
38 網を手繰り寄せて魚を捕る。
39 よく学び、且つよく遊べ。
40 秋の日、庭園の築山を観賞する。
41 悔しくて唇をかみしめる。
42 木に竹を接いだような感じだ。
43 宗教上の理由で肉食を忌む。
44 恋に悩む若者の相談にのる。
45 ホースの水で火勢を鎮める。
46 きれいな落ち葉を本の間に挟む。
47 他人を陥れるような発言だ。
48 捨てる神あれば拾う神あり。
49 升席に座って相撲を観戦する。
50 所得額を偽った申告は認めない。

---

23 すうこう
24 きんけい
25 ほうしょう
26 さいりょう
27 こうてつ
28 やっかん
29 りゅうさん
30 げねつ
31 がじょう
32 すうよう
33 こうとう
34 ゆいいつ
35 ぶじょく
36 ちゅうよう
37 すきや
38 たぐ
39 か
40 つきやま
41 くちびる
42 つ
43 い
44 なや
45 しず
46 はさ
47 おとしい
48 す
49 ますせき
50 いつわ

第1日 第2日 第3日 第4日 第5日 第6日 第7日 第8日 第9日 第10日 第11日 第12日 第13日 第14日

# 第14日 (2)

## 誤字訂正、対義語・類義語

時間 20分
合格 28

得点
1回目 /34
2回目 /34

● 次の各文にまちがって使われている同じ読みの漢字が一字ある。上に誤字を、下に正しい漢字を記せ。

1 度重なる首相の唐突な退陣表明は国民に強い傷撃を与えた。

2 姉妹提携を結んだ学校の生徒と環境保全について意見を交喚した。

3 動物愛護の気風を醸成するため、逆待を禁止した法律を制定した。

4 明治維新のころ国家の発展に謙身的に尽力した人物である。

5 恒例行事である排水構の掃除を実施する連絡を回覧板で回した。

6 空港周辺の住宅地に騒音を斜断する二重窓が取り付けられた。

7 事前練習を万全に行い、後に渦根を残すことは是非とも避けたい。

8 魚の養触業を営む父は燃料費高騰による輸送費の削減に頭を痛めている。

9 彼は競技会の開会式で奮励努力を惜しまず立派に戦うと宣請した選手だ。

10 即成栽培による野菜は割高感から消費者に敬遠される傾向にある。

11 両国の交渉を繰り返し行い、戦略上の要地を無血により脱回した。

12 夢は叶《かな》うと信じ、世界制破の野望を持って地道な練習に励んできた。

13 行政刷新としての市町村合閉は住民感情により判断が大きく揺れる。

14 嫡男である息子は結婚の披朗宴の後、家業を継ぐ予定となっている。

解答

1 傷・衝
2 喚・換
3 逆・虐
4 謙・献
5 構・溝
6 斜・遮
7 渦・禍
8 触・殖
9 請・誓
10 即・促
11 脱・奪
12 破・覇
13 閉・併
14 朗・露

● 次の1～10の対義語、11～20の類義語を下の□の中から選び、漢字で記せ。□の中の語は一度だけ使うこと。

**対義語**

1 凝固
2 虚弱
3 決裂
4 新奇
5 率先
6 発病
7 老巧
8 素人
9 発憤
10 理論

**類義語**

11 沿革
12 強情
13 根絶
14 熟知
15 制約
16 抜粋
17 奮戦
18 起源
19 念願
20 歴然

がんけん・がんこ
かんとう・くろうと
けんちょ・じっせん
しょうろく・そくばく
だけつ・ちせつ
ちゆ・ちんぷ
ついずい・つうぎょう
はっしょう・へんせん
ぼくめつ・ほんもう
ゆうかい・らくたん

**解答**

1 融解
2 頑健
3 妥結
4 陳腐
5 追随
6 治癒
7 稚拙
8 玄人
9 落胆
10 実践

11 変遷
12 頑固
13 撲滅
14 通暁
15 束縛
16 抄録
17 敢闘
18 発祥
19 本望
20 顕著

# 第14日(3)

## 書き取り

時間20分
合格40

得点
1回目 /50
2回目 /50

● 次の——線のカタカナを漢字に直せ。

1 伯父はウルシザイクの職人だ。
2 証拠となる品をオウシュウする。
3 飛行機がカッソウ路を横切った。
4 カンダイな処分をお願いします。
5 友人がキュウチに追い込まれる。
6 キンチョウの糸が切れてしまう。
7 初夏のクンプウのもとで遊んだ。
8 よからぬケンギをかけられた。
9 月刊誌を二冊コウドクしている。
10 借金のサイソクに追われる。
11 ジゴクに仏とはこのことだ。
12 桃のシュウカク時期を迎える。
13 ショウガイ学習社会を築きたい。
14 研究のためのショウレイ金。
15 野球のシンパン員になりたい。
16 町のセイソウ活動を続けている。
17 センイ質の多い野菜を食べる。
18 ソボクな画風が人々に愛される。
19 七夕のタンザクを書いている。
20 祖母はダンロの前で一日過ごす。
21 ダンガイ裁判所に訴追する。
22 壁のトソウ工事が終わった。

**解答**

1 漆細工
2 押収
3 滑走
4 寛大
5 窮地
6 緊張
7 薫風
8 嫌疑
9 購読
10 催促
11 地獄
12 収穫
13 生涯
14 奨励
15 審判
16 清掃
17 繊維
18 素朴
19 短冊
20 暖炉
21 弾劾
22 塗装

23 輸入品のハイセキ運動が起こる。
24 ヨットが青い海をハンソウする。
25 この車の使用ヒンドは高い。
26 フヨウ家族手当をもらっている。
27 多額のホウシュウをもらう。
28 被災地のためのボキン活動。
29 貿易マサツの解決は難しい。
30 メンエキがないと病気に弱い。
31 ヘンセイフウが吹く。
32 コンサートのヨインに浸る。
33 職権をランヨウしてはいけない。
34 ロウカを走っては危ない。
35 石けんのアワを立てて手を洗う。
36 ここにごみをウめてはいけない。

37 みこしをカツぐ若者が少ない。
38 土砂が谷底にクズれ落ちた。
39 二人の仲が引きサかれてしまう。
40 シめくくりの挨拶をお願いする。
41 彼はいつも肝がスわった人だ。
42 二人はいつしかチギりを結んだ。
43 昨年娘がトツいだ家である。
44 ナワバリ競争の末、群れを離れる。
45 道に唾をハいてはいけません。
46 岩陰に身をヒソめている。
47 人はホめられることで育つ。
48 ミサキ巡りのバスに乗り込む。
49 水筒から水がモれているよ。
50 お手をワズラわして申し訳ない。

23 排斥
24 帆走
25 頻度
26 扶養
27 報酬
28 募金
29 摩擦
30 免疫
31 偏西風
32 余韻
33 濫(乱)用
34 廊下
35 泡
36 埋

37 担
38 崩
39 裂
40 締
41 据
42 契
43 嫁
44 縄張
45 吐
46 潜
47 褒
48 岬
49 漏
50 煩

# 第15日 (1) 読み

時間15分 合格40

得点 1回目 /50 2回目 /50

● 次の――線の読みをひらがなで記せ。

1 彼は稚気のぬけない人だ。
2 砕氷船で冬の海を突き進む。
3 その件には柔軟に対応したい。
4 民主主義が国民に浸透する。
5 それは倫理に反する行為だ。
6 辞書の索引を見る。
7 素朴な人柄で皆に好かれる。
8 祖父はかつて侯爵であった。
9 店舗を拡充して営業する。
10 最も秀逸な句として選ばれた。
11 農民が領主に年貢を納める。
12 太公望たちが釣友会を結成した。
13 母方の祖父に囲碁を教わる。
14 繭糸を紡ぎ、きれいな布を織る。
15 彼女は記憶を喪失したままだ。
16 一畝は一反の十分の一の面積だ。
17 蛍雪の功あって大学に合格する。
18 禅尼となって余生を過ごした。
19 彼は急に寡黙になった。
20 無敵の艦隊と呼ばれる部隊。
21 父は菌類を培養する研究家だ。
22 国民の公僕として務めを果たす。

解答

1 ちき
2 さいひょう
3 じゅうなん
4 しんとう
5 りんり
6 さくいん
7 そぼく
8 こうしゃく
9 かくじゅう
10 しゅういつ
11 ねんぐ
12 ちょうゆう
13 いご
14 けんし
15 そうしつ
16 せ
17 けいせつ
18 ぜんに
19 かもく
20 かんたい
21 きんるい
22 こうぼく

第15日
第16日
第17日
第18日
第19日
第20日
第21日

23 会社に復職を**請願**する。
24 **植栽**林を殖やす事業が始まる。
25 彼の病気が**平癒**したことを祝う。
26 **四肢**を伸ばして横になる。
27 **静粛**に行われた式典に出席した。
28 **主賓**として知事を迎える予定だ。
29 **懐疑**心を捨てて彼と会ってほしい。
30 **惰性**でたばこに手が出てしまう。
31 **正絹**で織った反物を購入する。
32 父は私の会社の**顧問**弁護士だ。
33 英虞《あご》湾で**海女**は貝を採っている。
34 彼のお姉さんは**律儀**な方だ。
35 今日の**献立**は私が決める。
36 興味**津津**で彼の話に聞き入る。
37 **久遠**の理想を追い求める。
38 電車の中に傘を**忘**れてきた。
39 **野良**猫を拾って大切に育てる。
40 優勝が**懸**かった試合となった。
41 これは本物と**紛**らわしい品物だ。
42 祖父は山で熊と**鉢合**わせをした。
43 父は**軟**らかいご飯を好む。
44 私の**薦**める本を読んでごらん。
45 広く澄み渡った空を**眺**める。
46 国王に**貢**ぎ物をお届けする。
47 甘い**汁粉**が祖母の好物だ。
48 大漁を願いながら**投網**を打つ。
49 銃の**筒先**を揃《そろ》えて保管する。
50 **潤**いのある生活を望んでいる。

---

23 せいがん
24 しょくさい
25 へいゆ
26 しし
27 せいしゅく
28 しゅひん
29 かいぎ
30 だせい
31 しょうけん
32 こもん
33 あま
34 りちぎ
35 こんだて
36 しんしん
37 くおん
38 わす
39 のら
40 か
41 まぎ
42 はちあ
43 やわ
44 すす
45 なが
46 みつ
47 しるこ
48 とあみ
49 つつさき
50 うるお

# 第15日(2)

## 部首、同音・同訓異字

時間20分 合格42

得点 1回目 /52 2回目 /52

● 次の漢字の部首を記せ。

〈例〉菜［艹］ 間［門］

1 雰
2 且
3 馬
4 刃
5 呈
6 誉
7 亜
8 罰
9 索
10 宜
11 賄
12 棄
13 徹
14 唇
15 慶
16 準
17 南
18 奨
19 執
20 虞
21 兼
22 昆
23 骨
24 蛇

解答

1 雨
2 一
3 馬
4 刀
5 口
6 言
7 二
8 罒
9 糸
10 宀
11 貝
12 木
13 彳
14 口
15 心
16 氵
17 十
18 大
19 土
20 虍
21 八
22 日
23 骨
24 虫

● 次の――線のカタカナを漢字に直せ。

1 自由ホンポウな人生を送る。
2 ホンポウの月額を確かめる。
3 質問には手をアげて答える。
4 台所で天ぷらをアげている。
5 台風が接近し、波がアラい。
6 仕事がアラいと注意される。
7 金属を溶かして釣り鐘をイる。
8 弓で矢をイる姿が勇ましい。
9 あの子は親の愛情にウえている。
10 鉢にウえられたチューリップ。
11 大統領へのエッケンを賜る。
12 君の行動はエッケン行為だ。
13 学校でカイキン賞をもらう。
14 カイキンシャツを着て出かける。
15 反対派をうまくカイジュウする。
16 カイジュウ映画が公開される。
17 得た利益を地元にカンゲンする。
18 カンゲン楽団の演奏を聴く。
19 カンショウ材を入れて固定する。
20 私生活にはカンショウしない。
21 事故のギセイ者を追悼する。
22 ギセイ語で鳴き声を表現する。
23 キョウシュウを誘う冬の風景。
24 投手キョウシュウのヒット。
25 歯並びをキョウセイする。
26 キョウセイ的に参画させる。
27 時代コウショウのための資料。
28 コウショウな趣味を持つ。

解答

1 奔放　2 本俸　3 挙　4 揚　5 荒　6 粗　7 鋳　8 射　9 飢　10 植　11 謁見　12 越権　13 皆勤　14 開襟
15 懐柔　16 怪獣　17 還元　18 管弦　19 緩衝　20 干渉　21 犠牲　22 擬声　23 郷愁　24 強襲　25 矯正　26 強制　27 考証　28 高尚

# 第15日 (3)

## 書き取り

時間20分　合格40

得点　1回目　/50　2回目　/50

● 次の——線のカタカナを漢字に直せ。

1 アイセキの念に堪えない悲報。
2 業者にすべての業務をイタクする。
3 非難のオウシュウを繰り返した。
4 事業のガイリャクを説明します。
5 カヘイ価値が急に下落した。
6 キセイの学説にとらわれない。
7 キョウギの意味でこの語を使う。
8 悪貨は良貨をクチクする。
9 空港のケンエキ所で働いている。
10 商売のコウショウがうまい人だ。
11 実家はゴフク問屋を営んでいる。
12 タンカーがザショウした海岸。
13 ジャリ運搬船に乗り込んだ。
14 定期的にジュンカツ油を差す。
15 ジョケイ詩に優れた作品がある。
16 すべてがスイホウに帰してしまう。
17 研究はゼンジ進展しつつある。
18 ソクセイ栽培の野菜を出荷する。
19 彼女はテイシュクな妻だった。
20 十円未満のハスウは切り捨てる。
21 ヨクヨウのある声で話をする。
22 友の死にツイトウの辞を述べる。

解答

1 哀惜　2 委託　3 応酬　4 概略　5 貨幣　6 既成　7 狭義　8 駆逐　9 検疫　10 交渉　11 呉服
12 座礁　13 砂利　14 潤滑　15 叙景　16 水泡　17 漸次　18 促成　19 貞淑　20 端数　21 抑揚　22 追悼

23 イッショウ瓶に入れた酒をつぐ。
24 オウシュウへの海外旅行。
25 何事にもカカンに挑戦する。
26 昔はカヤの中に入って寝た。
27 パスポートのギゾウは罪が重い。
28 世界キョウコウの兆しが現れる。
29 あなたのクチュウを察している。
30 いつもケンキョな態度で接する。
31 返事をいただければコウジンだ。
32 神様のゴリヤクが必ずあります。
33 サツバツとした世の中になった。
34 睡眠不足で目がジュウケツする。
35 シュンショウ一刻直《あたい》千金と言う。
36 各地のショコウが江戸に集まる。

37 スウコウな願いを持ち続ける。
38 センパクの往来が激しい海峡。
39 タクバツした着想の発明品だ。
40 間違ったところをテイセイする。
41 大敗はどうしてもソシしたい。
42 ヨレイが鳴ったら教室に入る。
43 イサギヨい態度が気に入った。
44 体力のオトロえがわかる。
45 何かカンチガいをしていないか。
46 母が作った白菜のシオヅけ。
47 田んぼ一面のイナホがなびく。
48 オニの首を取ったように喜ぶ。
49 野の草でカンムリを作って遊ぶ。
50 煙が目にシみて涙が出た。

---

23 一升
24 欧州
25 果敢
26 蚊帳
27 偽造
28 恐慌
29 苦衷
30 謙虚
31 幸甚
32 御利益
33 殺伐
34 充血
35 春宵
36 諸侯

37 崇高
38 船舶
39 卓抜
40 訂正
41 阻止
42 予鈴
43 潔
44 衰
45 勘違
46 塩漬
47 稲穂
48 鬼
49 冠
50 染

# 第16日 (1) 読み

時間 15分 合格 40

得点 1回目 /50 2回目 /50

● 次の——線の読みをひらがなで記せ。

1 彼の声に皆が一斉に振り向いた。
2 地殻変動で土地が隆起する。
3 疎漏なくやり遂げたい。
4 この辺りに異臭が漂っている。
5 毎月の売り上げを累計する。
6 呼吸器疾患で入院した。
7 楽譜を見ながら歌を歌う。
8 この子たちを等閑視するな。
9 大型船舶で諸国を渡る。
10 この山に登ると雪渓が楽しめる。
11 伯母は著述業を仕事にしている。
12 国家の威信をかける。
13 硝酸は刺激臭のある液体である。
14 坑道にガスが充満し、避難する。
15 偏見を持って考えてはいけない。
16 潤沢な資金で会社を立ち上げる。
17 一里塚を探して旅しよう。
18 粘着テープでしっかり固定する。
19 迎賓館で重要な客を迎える。
20 銃口を向けられ恐怖感を味わう。
21 人の物を窃取するようなものだ。
22 荒涼とした砂漠には住めない。

解答

1 いっせい
2 ちかく
3 そろう
4 いしゅう
5 るいけい
6 しっかん
7 がくふ
8 とうかんし
9 せんぱく
10 せっけい
11 ちょじゅつ
12 いしん
13 しょうさん
14 じゅうまん
15 へんけん
16 じゅんたく
17 づか
18 ねんちゃく
19 げいひん
20 じゅうこう
21 せっしゅ
22 こうりょう

23 彼は頑強な体を自慢にしている。
24 厳しい処分の撤回を交渉する。
25 彼の商売は繁盛しているらしい。
26 水仙の花の香りが漂っている。
27 市長から記念品を贈呈される。
28 寛大な処置をお願いしたい。
29 詐取した罪で警察に捕まる。
30 埋蔵金を捜すのに必死になる。
31 この夕焼け空は郷愁を誘うね。
32 この場面では謙譲語を使いたい。
33 祝言を挙げる運びとなる。
34 どうも彼は一言居士のようだ。
35 命の瀬戸際に立たされている。
36 十重二十重に取り囲む。

37 履物を脱いで上がってください。
38 得意なギターで名曲を奏でた。
39 浮気な性分で流行に飛びつく。
40 年中慌ただしい日々を過ごす。
41 父は事業を企てようとしている。
42 酸いも甘いもかみ分ける年齢だ。
43 今の話はみんなに筒抜けだ。
44 医者に診てもらった方がいいよ。
45 柔らかい毛布に包まれて眠る。
46 赤い鼻緒の下駄を一足買う。
47 隅々まできれいに掃除しよう。
48 車は瞬く間に通り過ぎていった。
49 猫背になって本を読むな。
50 童歌があの子の子守歌だ。

---

23 がんきょう
24 こうしょう
25 はんじょう
26 すいせん
27 ぞうてい
28 かんだい
29 さしゅ
30 まいぞう
31 きょうしゅう
32 けんじょう
33 しゅうげん
34 いちげんこじ
35 せとぎわ
36 とえはたえ

37 はきもの
38 かな
39 うわき
40 あわ
41 くわだ
42 す
43 つつぬ
44 み
45 やわ
46 はなお
47 すみずみ
48 またた
49 ねこぜ
50 わらべ

# 第16日 (2)

## 四字熟語

時間20分 合格24
得点 1回目 /30 2回目 /30

● 次の四字熟語の（1～10）に入る適切な語を下の□の中から選び、漢字二字で記せ。また、後の11～15の意味にあてはまるものをア～コの四字熟語から一つ選び、記号で答えよ。

ア 一朝（ 1 ）
イ（ 2 ）風月
ウ 頑固（ 3 ）
エ 喜怒（ 4 ）
オ（ 5 ）玉条
カ 巧遅（ 6 ）
キ（ 7 ）浄土
ク（ 8 ）撃壌
ケ（ 9 ）自得
コ 質実（ 10 ）

あいらく
いっせき
いってつ
かちょう
きんか
ごうけん
ごくらく
こふく
じごう
せっそく

11 飾り気がなく真面目で、しっかりしていること。
12 わずかな時日。
13 風流な遊び。
14 この上なく平和で楽しい場所。
15 最も大切にして守らなければならない重要な規則。

### 解答

1 一夕
2 花鳥
3 一徹
4 哀楽
5 金科
6 拙速
7 極楽
8 鼓腹
9 自業
10 剛健
11 コ
12 ア
13 イ
14 キ
15 オ

● 次の四字熟語の（1～10）に入る適切な語を下の□の中から選び、漢字二字で記せ。また、後の11～15の意味にあてはまるものをア～コの四字熟語から一つ選び、記号で答えよ。

□ア（ 1 ）雨読
□イ 自由（ 2 ）
□ウ（ 3 ）幽谷
□エ 前代（ 4 ）
□オ 朝三（ 5 ）

□カ（ 6 ）雷同
□キ 傍若（ 7 ）
□ク 唯一（ 8 ）
□ケ（ 9 ）果敢
□コ（ 10 ）流水

じざい
しんざん
せいこう
ぶじん
ふわ
ぼし
みもん
むに
ゆうもう
らっか

□11 口先でうまく人をだますこと。
□12 田園地帯で閑居する自適の生活。
□13 自分の意見がなく、他人の説にわけもなく賛成すること。
□14 相思相愛。
□15 勝手気ままな振る舞い。

解答

1 晴耕
2 自在
3 深山
4 未聞
5 暮四
6 付和
7 無人
8 無二
9 勇猛
10 落花

11 オ
12 ア
13 カ
14 コ
15 キ

# 第16日(3) 書き取り

時間 20分 合格 40

得点 1回目 /50 2回目 /50

● 次の――線のカタカナを漢字に直せ。

1 アクリョウに取り憑《つ》かれる。
2 参加者全員でイロウ会を行った。
3 被疑者のミガラを送検する。
4 文明からカクゼツされた。
5 町のガロウで個展を開く予定だ。
6 キッサ店でコーヒーを飲もう。
7 キョウコウな態度で交渉に臨む。
8 クッタクのない孫の寝顔を見る。
9 精進の前にはケングなし。
10 消化を助けるさまざまなコウソ。
11 彼とはコンイにしている。
12 月のサバクを歩き続けるラクダ。
13 かつてシュウジンが流された島。
14 シュンビンな動きが求められる。
15 ありのままにジョジュツする。
16 大ズモウは年に六場所行われる。
17 センプクしていた犯人が捕まる。
18 病人をタンカで運んでください。
19 新しいテイタクに引っ越した。
20 自分をヒゲする必要はない。
21 地殻がリュウキしてできた土地。
22 アネッタイの植物が生えている。

解答

1 悪霊
2 慰労
3 身柄
4 隔絶
5 画廊
6 喫茶
7 強硬
8 屈託
9 賢愚
10 酵素
11 懇意
12 砂漠
13 囚人
14 俊敏
15 叙述
16 相撲
17 潜伏
18 担架
19 邸宅
20 卑下
21 隆起
22 亜熱帯

23 詩や俳句はインブンと言われる。
24 日本はオウベイの影響を受けた。
25 伊勢《いせ》神宮でカグラを奉納する。
26 当課のカンカツ事業ではない。
27 全国大会出場のキッポウが届く。
28 相手の顔をじっとギョウシする。
29 針クヨウの行事が行われた。
30 不審者にジンモンする。
31 注目の事件のコウソ審が始まる。
32 慈愛のゴンゲとして現れる。
33 資料がサンイツしてしまった。
34 スタンドの大カンシュウが沸く。
35 ジヨウに富むと言われる植物だ。
36 学校図書館のショセキ購入費。

37 宇宙船が無事セイカンした。
38 ソウガイで農作物に被害が出る。
39 ダンチョウの思いでことわる。
40 テキギ休憩をとりなさい。
41 人の価値はビシュウで決まらぬ。
42 ごレイジョウはお元気ですか。
43 人としてイヤしい態度をとるな。
44 民衆の支持する王が国をスべる。
45 見晴らしがキく丘の上に立つ。
46 気力をフルって闘う。
47 銅を型に流して仏像をイる。
48 そうは問屋がオロさないよ。
49 失敗の原因をキモに銘じておけ。
50 宿題はスデに終えてしまった。

23 韻文
24 欧米
25 神楽
26 管轄
27 吉報
28 凝視
29 供養
30 尋問
31 控訴
32 権化
33 散逸
34 観衆
35 滋養
36 書籍

37 生還
38 霜害
39 断腸
40 適宜
41 美醜
42 令嬢
43 卑
44 統
45 利
46 奮
47 鋳
48 卸
49 肝
50 既

# 第17日 (1)

## 読み

時間 15分
合格 40

得点
1回目 /50
2回目 /50

● 次の——線の読みをひらがなで記せ。

1 パスポートを呈示して出国する。
2 収穫量が逓減している品種。
3 父は軍の大尉として戦死した。
4 臭気が鼻をつく部屋は嫌だ。
5 セスナ機が旋回して飛行する。
6 一括して相手先に届けます。
7 庶民には手が届く値段ではない。
8 父は寸暇を惜しんで働いている。
9 酢酸のにおいは刺激的だ。
10 国歌を斉唱して開幕した。
11 私の息子は恐竜に興味がある。
12 高校野球で塁審を務める。
13 川柳は江戸時代中期に流行した。
14 渓流を下る船からの眺め。
15 華岡青洲《はなおかせいしゅう》は麻酔手術に成功した。
16 彼の年俸は驚くほど高額である。
17 この厨子《ずし》は年に二回開扉される。
18 ヨーロッパ各地を遍歴する。
19 やっとローンを皆済できた。
20 表彰式に出席すると連絡が入る。
21 父は今年、還暦を迎える。
22 この文章から論点を抄出する。

### 解答

1 ていじ
2 ていげん
3 たいい
4 しゅうき
5 せんかい
6 いっかつ
7 しょみん
8 すんか
9 さくさん
10 せいしょう
11 きょうりゅう
12 るいしん
13 せんりゅう
14 けいりゅう
15 ますい
16 ねんぽう
17 かいひ
18 へんれき
19 かいさい
20 ひょうしょう
21 かんれき
22 しょうしゅつ

23 弟子が衣鉢を継いで修行する。
24 儒学の祖は中国の孔子《こうし》である。
25 彼の実践が認められ、入賞する。
26 彼が頑固なのは父親譲りだ。
27 党が推薦する立候補者だ。
28 定期的に検診を受けた方がいい。
29 地下茎が肥大したジャガイモ。
30 彼の論文は皆から酷評された。
31 カードを挿入して操作する。
32 人工透析を行う必要がある。
33 野球大会の優勝旗を翻す。
34 堂内に僧侶の読経が響く。
35 俳優が愁嘆場を見事に演じる。
36 布団を日光の下で干す。

37 復興のためボランティアを募る。
38 ビール瓶を栓抜きで開ける。
39 宵のうちに仕事をやり遂げよう。
40 夏の夕方、蚊柱が立つ。
41 木の葉を透かして葉脈を見る。
42 任務を全うして彼は旅立った。
43 彼は雄雄しく敵に立ち向かった。
44 干潟にすむ小動物を観察する。
45 部屋の片隅に残っているごみ。
46 粘り強く続けるしか方法はない。
47 口にするのも汚らわしいことだ。
48 裏の池には藻が生えている。
49 飢えに苦しむ人が多くいる。
50 竜巻が起こり吹き飛ばされた。

---

23 い(え)はつ
24 じゅがく
25 じっせん
26 がんこ
27 すいせん
28 けんしん
29 ちかけい
30 こくひょう
31 そうにゅう
32 とうせき
33 ひるがえ
34 どきょう
35 しゅうたんば
36 ふとん

37 つの
38 せんぬ
39 よい
40 かばしら
41 す
42 まっと
43 おお
44 ひがた
45 かたすみ
46 ねば
47 けが
48 も
49 う
50 たつまき

# 第17日（2）

## 誤字訂正、対義語・類義語

時間20分　合格28

得点　1回目　/34　2回目　/34

● 次の各文にまちがって使われている同じ読みの漢字が一字ある。上に誤字を、下に正しい漢字を記せ。

1 厳冬に流感が猛維をふるうと学級閉鎖の措置をとる学校が増加する。

2 幼児期からの人生を追億した手記の出版直後、祖父逝去の報に接した。

3 停止命令を無視して逃走する密航船と疑わしき船に威獲射撃をした。

4 禁張する国際情勢は幾分緩和したが、各国の利害が絡む課題は多い。

5 テロ対策は関係諸機関が連係して対応策を検討することが肝要だ。

6 険約家で知られる彼は長年の耐乏生活の後、豪華な邸宅を手に入れた。

7 短距離の一流選手が全力で執走する美しい姿に観衆は魅了された。

8 労働条件を巡る労使間の徹夜交招が未明に妥結したとの報告があった。

9 同窓会で友の活躍を知り、我が状況と比較して強い肖燥に駆られた。

10 論の主旨は明確だし構成もいいが、公表するには余りに稚折な文章だ。

11 染練された着こなしの老夫婦が借景が見事な庭園の縁側に座っている。

12 澄望がきく山頂から眼下の海峡を群れなす漁船が航行するのを見た。

13 嘆願書を持参して依頼する住民に対する彼の冷淡な態度に噴慨した。

14 大地震で建物が泡壊した現場では、懸命の救助活動が展開されている。

解答

1 維・威
2 億・憶
3 獲・嚇
4 禁・緊
5 係・携
6 険・倹
7 執・疾
8 招・渉
9 肖・焦
10 折・拙
11 染・洗
12 澄・眺
13 噴・憤
14 泡・崩

●次の1～10の対義語、11～20の類義語を下の□の中から選び、漢字で記せ。□の中の語は一度だけ使うこと。

**対義語**

1 虚弱
2 禁欲
3 希薄
4 古豪
5 充実
6 善良
7 任命
8 飽食
9 悠長
10 汚染

**類義語**

11 頑迷
12 計略
13 攻略
14 承知
15 全治
16 昼寝
17 本質
18 完遂
19 省略
20 貧乏

かいゆ・かつあい
きが・きょうそう
きょうらく・くうきょ
ごすい・こんきゅう
さくぼう・じゃあく
じゅだく・じょうか
じょうじゅ・しんえい
せいきゅう・せいずい
だっしゅ・のうこう
ひめん・へんくつ

**解答**

1 強壮
2 享楽
3 濃厚
4 新鋭
5 空虚
6 邪悪
7 罷免
8 飢餓
9 性急
10 浄化

11 偏屈
12 策謀
13 奪取
14 受諾
15 快癒
16 午睡
17 精髄
18 成就
19 割愛
20 困窮

# 第17日 (3)

## 書き取り

時間 20分 合格 40

得点 1回目 /50 2回目 /50

● 次の――線のカタカナを漢字に直せ。

1 黄色いアマグツを履いた子ども。
2 姉はウイザンのため実家にいる。
3 寺のオショウさんが話をする。
4 感染症予防のためにカクリする。
5 やっとトンネルがカンツウする。
6 父のキトクに家族が駆けつけた。
7 将棋のキョウシャの駒を失う。
8 クロウトの技のような出来栄え。
9 特産品を皇室にケンジョウする。
10 全面コウフクして戦争を終えた。
11 何かコンタンがあるのだろうか。
12 ザンギャクな行為が行われた。
13 シュウワイの罪で逮捕される。
14 ショウガイ係が外部折衝をする。
15 会社のショムをさせてもらう。
16 御尊父のセイキョを悼む。
17 ソウガンキョウで前方を眺める。
18 白米にザッコクを混ぜて炊く。
19 気分テンカンしながら仕事する。
20 相互フジョの精神が求められる。
21 安い値段の品物がレンバイ品だ。
22 アンカンとしていられない状況。

解答

| | | | | | | | | | | |
|---|---|---|---|---|---|---|---|---|---|---|
| 1 雨靴 | 2 初産 | 3 和尚 | 4 隔離 | 5 貫通 | 6 危篤 | 7 香車 | 8 玄人 | 9 献上 | 10 降伏(服) | 11 魂胆 |
| 12 残虐 | 13 収賄 | 14 渉外 | 15 庶務 | 16 逝去 | 17 双眼鏡 | 18 雑穀 | 19 転換 | 20 扶助 | 21 廉売 | 22 安閑 |

23 玄関の前にウエキバチを置く。
24 父母の妹は漢字でオバと書く。
25 被災者はカセツ住宅に入った。
26 父が息子をカンドウする。
27 これは私のキトク権益である。
28 そんなキョウハクに負けるな。
29 クンショウをもらった祝いの会。
30 ガラスをケンマして作る作品だ。
31 交通安全の標語をコウボする。
32 野山でコンチュウを採集する。
33 ジギにかなった企画で面白いよ。
34 シュギョクの短編として有名だ。
35 事件のショウゲキが残っている。
36 沖は暗いのにシラホが見える。

37 英語で書かれた文をホンヤクする。
38 彼は企業グループのソウスイだ。
39 中間報告をチクジ発表する。
40 窯で大皿のトウキを焼いている。
41 フショウ事ばかり起きる。
42 とうとう失業のウき目に会う。
43 カの鳴くような声で答えた。
44 クセのある人と言われている。
45 我が家は着物のオロシドンヤだ。
46 鍵をしめ忘れて盗難にアう。
47 大雨で濁流がウズマいている。
48 きれいなカイガラを浜辺で拾う。
49 空にアワい雲がかかる。
50 セキとして何も聞こえない。

23 植木鉢
24 叔母
25 仮設
26 勘当
27 既得
28 脅迫
29 勲章
30 研磨(摩)
31 公募
32 昆虫
33 時宜
34 珠玉
35 衝撃
36 白帆

37 翻訳
38 総帥
39 逐次
40 陶器
41 不祥
42 憂
43 蚊
44 癖
45 卸問屋
46 遭
47 渦巻
48 貝殻
49 淡
50 寂

# 第18日 (1)

## 読み

時間 15分
合格 40

得点
1回目 /50
2回目 /50

● 次の——線の読みをひらがなで記せ。

1 成長して服が窮屈になる。
2 このデータを解析して役立てる。
3 祖先を崇敬し、墓参りをする。
4 家の立ち退きは拒否された。
5 この旋律は聴いたことがある。
6 囚人を率いて作業に赴く。
7 彼は豪壮な邸宅に住んでいる。
8 人事異動で彼は左遷された。
9 詔書によって解散を告げる。
10 ワインの栓を抜いて祝おう。
11 偽造の一万円札が出回っている。
12 彼女の献身的な看護で快復した。
13 桑門は出家して修行する人。
14 透徹した論理の展開が興味深い。
15 信頼を失墜するような行為だ。
16 教訓を銘記し、努力していこう。
17 秩序を乱すような行動はやめよ。
18 ここらでちょっと仮睡しよう。
19 彼宛ての封筒をポストに投函《かん》する。
20 荘重な雅楽の調べが聞こえる。
21 儒教が日本へ伝来する。
22 大音声で訴える姿が目に浮かぶ。

### 解答

1 きゅうくつ
2 かいせき
3 すうけい
4 きょひ
5 せんりつ
6 しゅうじん
7 ごうそう
8 させん
9 しょうしょ
10 せん
11 ぎぞう
12 けんしん
13 そうもん
14 とうてつ
15 しっつい
16 きょうくん
17 ちつじょ
18 かすい
19 ふうとう
20 そうちょう
21 じゅきょう
22 だいおんじょう

23 今後の決意を誓約書に書く。
24 私は都会の一隅で生活してきた。
25 雑誌の年間購読を予約する。
26 辞典の監修者として名を連ねる。
27 貞淑な妻としての評判が高い。
28 彼の純朴な人柄が好まれる。
29 推理小説の傑作と言われる。
30 子どもの状況をよく把握する。
31 紡績工場から綿糸が届く。
32 かつて連合軍が駐屯した地。
33 日夜精進して修行に励む。
34 機械の操作方法を会得しておく。
35 書棚が書物でいっぱいになった。
36 悲惨な状況を目のあたりにする。

37 宵越しの銭は持たぬ。
38 貸し借りは相殺にしよう。
39 常夏のハワイに旅行する。
40 銘柄米にこだわって注文する。
41 運動靴を履いて出かけよう。
42 神前で将来の契りを交わした。
43 御用命を謹んで承りました。
44 まるで蛇ににらまれた蛙《かえる》だ。
45 彼も損害を被った一人だ。
46 釣りを楽しむ家族がいる。
47 杉皮葺《ぶ》きの屋根が特徴だ。
48 飛行機若しくは新幹線で行く。
49 会社を興したのは私の父である。
50 唐傘に使用する手漉《す》きの和紙。

23 せいやく
24 いちぐう
25 こうどく
26 かんしゅう
27 ていしゅく
28 じゅんぼく
29 けっさく
30 はあく
31 ぼうせき
32 ちゅうとん
33 しょうじん
34 えとく
35 しょだな
36 ま

37 よいご
38 そうさい
39 とこなつ
40 めいがら
41 は
42 ちぎ
43 うけたまわ
44 へび
45 こうむ
46 つ
47 すぎかわ
48 も
49 おこ
50 からかさ

# 第18日 (2)

## 熟語の構成、漢字と送りがな

時間 20分
合格 36

得点
1回目 /45
2回目 /45

● 熟語の構成のしかたには次のようなものがある。

ア　同じような意味の漢字を重ねたもの　（岩石）
イ　反対または対応の意味を表す字を重ねたもの　（高低）
ウ　上の字が下の字を修飾しているもの　（洋画）
エ　下の字が上の字の目的語・補語になっているもの　（着席）
オ　上の字が下の字の意味を打ち消しているもの　（非常）

次の熟語は右のア～オのどれにあたるか、一つ選び、記号で答えよ。

1 紡績
2 貴賓
3 不潔
4 謄写
5 懐疑

6 慶弔
7 無謀
8 逸脱
9 硬軟
10 搾乳

11 公僕
12 尊卑
13 免租
14 嫌悪
15 財閥

16 俊秀
17 弊風
18 退廷
19 多寡
20 直轄

**解答**

1 ア　2 ウ　3 オ　4 ア　5 エ　6 イ　7 オ　8 ア　9 イ　10 エ　11 ウ　12 イ　13 エ　14 ア

15 ウ　16 ア　17 ウ　18 エ　19 イ　20 ウ

● 次の――線のカタカナを漢字一字と送りがな（ひらがな）に直せ。

〈例〉問題にコタエル。　答える

1 彼は部下をアヤツルのがうまい。
2 我が子をイツクシム親の情。
3 チームで難しい研究にイドム。
4 ようやく雨脚がオトロエた。
5 外食は栄養がカタヨル。
6 学業のカタワラ家業を手伝う。
7 カーテンで光をサエギル。
8 先生から懇々とサトサれた。
9 自らの置かれた状況をサトル。
10 出席の返事をシブッている。
11 子どもが無邪気にタワムレル。
12 糸をツムイで生地を織る。
13 金がなく家賃がトドコオル。
14 傷ついた友をナグサメル。
15 ナメラカナ口調で話す司会者。
16 曲がった針金をノバス。
17 行く手をハバム敵の攻撃。
18 次の間にヒカエル家来たち。
19 昆虫が木の葉の裏にヒソム。
20 事件を闇にホウムルことはしない。
21 ミニクイ争いが繰り返された。
22 今夜、歓送の宴をモヨオス。
23 彼はどんな時も平静をヨソオウ。
24 長ワズライの後この世を去った。
25 ナツカシイ故郷の特産品だ。

解答

1 操る
2 慈しむ
3 挑む
4 衰え
5 偏る
6 傍ら
7 遮る
8 諭さ
9 悟る
10 渋っ
11 戯れる
12 紡い
13 滞る
14 慰める
15 滑らかな
16 伸ばす
17 阻む
18 控える
19 潜む
20 葬る
21 醜い
22 催す
23 装う
24 患い
25 懐かしい

# 第18日(3)　書き取り

時間20分　合格40

得点　1回目　/50　2回目　/50

● 次の——線のカタカナを漢字に直せ。

1 大仕事を終えてイアン会を開く。
2 鳥が軒下でエイソウを始める。
3 彼はダトウな判断をした。
4 ついにカンニン袋の緒が切れた。
5 若者のキハン意識を高めたい。
6 小学校のキョウユとして働く。
7 作品がケイサイされている雑誌。
8 彼のあの発言にはゲンメツした。
9 天然コウボパンを買う。
10 サイキンなどの微生物を調べる。
11 キャンプ場でスイジする。
12 書類にオウインする。
13 エレベーターでショウコウする。
14 甘いおシルコはいかがですか。
15 三度の全国セイハを成し遂げた。
16 ソウホウの意見をよく聞こう。
17 無作為にチュウシュツしている。
18 海洋トウキは環境に良くない。
19 景気のフヨウ策についての協議。
20 イクエにもなる美しい牡丹《ぼたん》の花。
21 絶景にエイタンの声を上げた。
22 社長がオンドをとり乾杯をした。

解答

1 慰安
2 営巣
3 妥当
4 堪忍
5 規(軌)範
6 教諭
7 掲載
8 幻滅
9 酵母
10 細菌
11 炊事
12 押印
13 昇降
14 汁粉
15 制覇
16 双方
17 抽出
18 投棄
19 浮揚
20 幾重
21 詠嘆
22 音頭

23 ガダンの中心となる絵描きだ。
24 地震のために道がカンボツした。
25 当日はキヒン席を用意している。
26 無理にキョセイを張っている。
27 住宅の当選番号がケイジされた。
28 彼はゴウキュウを投げる。
29 国民のコウボクとして働く。
30 サイケン者が返済を求めている。
31 漱石《そうせき》は私のシシュクする作家だ。
32 昨晩はジュクスイできましたか。
33 ジョウスイ器を取りつける。
34 シンギのほどは定かではない。
35 健闘はしたがセキハイだった。
36 エピソードとはソウワのことだ。

37 協力にチュウシンより感謝する。
38 冬山で遭難しトウショウになる。
39 人生には多くのブンキ点がある。
40 彼女は音楽にヒイでている。
41 農業はウネヅクりから始まる。
42 カクウの話を信じる。
43 悔しさにじっとクチビルを噛《か》む。
44 彼はすぐに機嫌をソコねる。
45 アサイトで編んだ夏のセーター。
46 自由をウバわれるのは苦しい。
47 会議にカける議題の整理をする。
48 クちることのない名声を得る。
49 見るにタえない作品が出される。
50 大軍をヨウして相手方を倒す。

23 画壇
24 陥没
25 貴賓
26 虚勢
27 掲示
28 剛球
29 公僕
30 債権
31 私淑
32 熟睡
33 浄水
34 真偽
35 惜敗
36 挿話

37 衷心
38 凍傷
39 分岐
40 秀
41 畝作
42 架空
43 唇
44 損
45 麻糸
46 奪
47 懸(掛)
48 朽
49 堪
50 擁

# 第19日（1）

## 読み

時間 15分
合格 40

得点
1回目 /50
2回目 /50

● 次の——線の読みをひらがなで記せ。

1 化学実験で物質を析出する。
2 勤務態度を査定する。
3 中核都市としての機能をもつ。
4 佐幕派と勤王派の対立が続く。
5 延命の措置を講じて看病する。
6 あらゆる問題点を網羅する。
7 アオサは海藻の一つだ。
8 脳に血栓ができて手術を受ける。
9 国家の枢軸として活躍する。
10 お兄さんは非常に質朴な人だね。
11 豪邸に招待され食事をいただく。
12 富裕な暮らしを望み懸命に働く。
13 軍の最高階級は元帥である。
14 当局の態度が軟化して幸いした。
15 仙境のごとく清浄な場所だ。
16 法廷での争いに持ち込まれた。
17 蚊が媒介する病原菌が増える。
18 祖父の肖像画を描き玄関に飾る。
19 泥炭を乾燥させ燃料とする。
20 過疎化を食い止める。
21 奨学金を貸与することが決まる。
22 この方を貴賓室に案内しなさい。

解答

1 せきしゅつ
2 さてい
3 ちゅうかく
4 さばく
5 そち
6 もうら
7 かいそう
8 けっせん
9 すうじく
10 しつぼく
11 ごうてい
12 ふゆう
13 げんすい
14 なんか
15 せんきょう
16 ほうてい
17 ばいかい
18 しょうぞう
19 でいたん
20 かそ
21 たいよ
22 きひん

23 環礁の水没が危ぶまれる。
24 国民の期待を双肩に担って闘う。
25 彼の愉快な話に笑いが起きる。
26 細菌の種類は極めて多いらしい。
27 祖母はよく漢詩を吟詠する。
28 銃声が響き獲物が捕らえられる。
29 浄化装置を付けて飲料水とする。
30 河童の川流れということもある。
31 内裏様を一番上に飾る。
32 ぜひ一献差し上げたいものだ。
33 白髪染めを購入した。
34 注意を怠ってはいけない。
35 蛍の飛び交う川原にたたずむ。
36 柳の下のドジョウを追う。

37 蚕の繭は生糸の原料となる。
38 肩が凝っていて痛い。
39 八百長による試合が行われた。
40 弦を引き、矢を放つ。
41 土壇場で話がひっくりかえった。
42 際どいところで間に合った。
43 歯茎がうずいて夜も寝られない。
44 この問題は棚上げしたくはない。
45 祖母は謡を習っている。
46 事件現場に人垣ができている。
47 小さな民宿を営む。
48 合格祈願の絵馬を奉納する。
49 我が子の健やかな成長を願う。
50 平静を装っているだけだ。

---

23 かんしょう
24 そうけん
25 ゆかい
26 さいきん
27 ぎんえい
28 じゅうせい
29 じょうか
30 かっぱ
31 だいり
32 いっこん
33 しらが
34 おこた
35 ほたる
36 やなぎ

37 まゆ
38 こ
39 やおちょう
40 つる
41 どたんば
42 きわ
43 はぐき
44 たなあ
45 うたい
46 ひとがき
47 いとな
48 えま
49 すこ
50 へいせい

# 第19日 (2)

## 部首、同音・同訓異字

時間20分 合格42

得点 1回目 /52 2回目 /52

● 次の漢字の部首を記せ。

〈例〉菜［艹］ 間［門］

1 礁
2 紳
3 魔
4 朴
5 恥
6 鳴
7 窮
8 磨
9 幽
10 妥
11 尿
12 衝
13 藻
14 唐
15 衷
16 慕
17 尋
18 務
19 匂
20 充
21 帝
22 雇
23 廃
24 阜

解答

1 石
2 糸
3 鬼
4 木
5 心
6 鳥
7 穴
8 石
9 幺
10 女
11 尸
12 行
13 艹
14 口
15 衣
16 㣺
17 寸
18 力
19 勹
20 儿
21 巾
22 隹
23 广
24 阜

●次の——線のカタカナを漢字に直せ。

1 現状をコウテイする意見が多い。
2 旅のコウテイを組んで表にする。
3 成績不振で監督をコウテツする。
4 コウテツのような意志。
5 ずっとシサクにふけっている。
6 今年度のシサクとして取り組む。
7 国王の力で反乱をシズめる。
8 海中に魚のえさをシズめる。
9 皆の知恵をシボって考える。
10 レモンをシボって飲む。
11 賛成者が多数をシめた。
12 財布のひもをシめて節約する。
13 堂々と選手センセイを行う。
14 センセイ政治の時代を経ている。

15 私の母は機械のソウサが苦手だ。
16 警察のソウサに協力する。
17 様々な経験をツんで成長する。
18 草花をツんで遊ぶ幼い子ども。
19 ハキがない彼を叱咤《た》激励する。
20 婚約をハキされた女性。
21 稲のホが実って頭を垂れる。
22 ヨットのホが白く浮かぶ海原。
23 きれいなホウソウ紙の贈り物。
24 ホウソウ界で活躍する弁護士。
25 師の教えを心にメイキする。
26 欄外に氏名をメイキする。
27 ルイシンがアウトを告げる。
28 ルイシン税が徴収される。

解答

1 肯定 2 行程 3 更迭 4 鋼鉄 5 思索 6 施策 7 鎮 8 沈 9 絞 10 搾 11 占 12 締 13 宣誓 14 専制

15 操作 16 捜査 17 積 18 摘 19 覇気 20 破棄 21 穂 22 帆 23 包装 24 法曹 25 銘記 26 明記 27 塁審 28 累進

# 第19日 (3) 書き取り

時間 20分
合格 40
得点 1回目 /50 2回目 /50

● 次の——線のカタカナを漢字に直せ。

1 イクビョウした後に植えかえる。
2 大統領へのエッケンを願い出た。
3 退職して人生のカイコ録を書く。
4 スキーの大カッコウの選手だ。
5 生命保険のカンユウの職に就く。
6 無数のキホウが表面にできる。
7 今の栄光はケイセツの功による。
8 コウイン矢のごとしと言われる。
9 岩の上で亀がコウラ干しをする。
10 時間をかけてコンコンと諭した。
11 下宿先でジスイ生活をしている。
12 一層の綱紀シュクセイに努める。
13 毎日ショウソウ感に襲われる。
14 読書感想文のシンサ会がある。
15 過去がセキララに書かれている。
16 ゾクシュウが漂う男だ。
17 本日のチョウカは小魚二十匹だ。
18 飛行機のトウジョウ券を買う。
19 互いにグロウし合う。
20 イゴ交流戦で優勝を果たす。
21 図書館のエツラン室に行く。
22 歴史をカイコした内容の文章だ。

解答

1 育苗
2 謁見
3 回顧
4 滑降
5 勧誘
6 気泡
7 蛍雪
8 光陰
9 甲羅
10 懇懇(々)
11 自炊
12 粛正
13 焦燥
14 審査
15 赤裸裸(々)
16 俗臭
17 釣果
18 搭乗
19 愚弄
20 囲碁
21 閲覧
22 懐古

23 父は相手の反論をカッパした。
24 何事も辛抱がカンヨウである。
25 子どものギャクタイが問題だ。
26 ギンジョウ酒を父の日に贈った。
27 最後にケイバツが科せられる。
28 コウオツつけがたい出来栄えだ。
29 コクウを見つめたまま動かない。
30 天子を補佐するサイショウの位。
31 輪島《わじま》はシッキの町として有名だ。
32 シュショウな顔をして畏《かしこ》まる。
33 安らかなジョウブツを願い祈る。
34 シンサツ時間は午後六時までだ。
35 それはセッショウな仕打ちだよ。
36 販売ソクシンのために努力する。

37 置物を作るチョウソ教室を開く。
38 ドベイの角を曲がると我が家だ。
39 密《ひそ》かにボジョウを抱いた人。
40 子の手を引いてアサセを渡る。
41 分娩《べん》室からウブゴエが聞こえる。
42 電車の中にカサを忘れてきた。
43 ついにわが進退ここにキワまる。
44 クワ畑がどこまでも続いている。
45 月に一度のタナオロしの日だ。
46 人をアザムくような考えだ。
47 ウラまれるような覚えはない。
48 それはカシコい判断だと思う。
49 新規事業を密かにクワダてる。
50 タノみの綱であった彼が去った。

23 喝破
24 肝要
25 虐待
26 吟醸
27 刑罰
28 甲乙
29 虚空
30 宰相
31 漆器
32 殊勝
33 成仏
34 診察
35 殺生
36 促進

37 彫塑
38 土塀
39 慕情
40 浅瀬
41 産声
42 傘
43 窮
44 桑
45 棚卸
46 欺
47 恨
48 賢
49 企
50 頼

# 第20日 (1)

## 読み

時間 15分
合格 40

得点
1回目 /50
2回目 /50

● 次の——線の読みをひらがなで記せ。

1 彼は**裕福**な家庭に育った。
2 定期的に**消火栓**の点検を行う。
3 彼は**均斉**のとれた体が自慢だ。
4 国体の選手団が**壮行**される。
5 **墨汁**を使って書き初めに挑む。
6 **藻類**は葉緑素を有する。
7 彼の意見への反対者は**皆無**だった。
8 新聞やテレビが**媒体**となる。
9 時間の都合で**割愛**して話す。
10 古墳時代の**石棺**が出土する。
11 彼は英雄として**崇拝**された。
12 古くは**王侯**貴族として栄えた。
13 **妊娠**の報告を誰よりも喜ぶ。
14 軽井沢《かるいざわ》にある**別邸**を訪問する。
15 少々疲れたので**午睡**をとろう。
16 **真珠**の指輪をはめた女性がいる。
17 教育費の増加傾向が**顕著**になる。
18 **老翁**はかぐや姫を見つけた。
19 物質の**可塑性**を利用した製品だ。
20 下宿を**周旋**する商いを営む。
21 叔父は**閑静**な住宅街に住む。
22 **懐中**時計をポケットに入れる。

解答

1 ゆうふく
2 しょうかせん
3 きんせい
4 そうこう
5 ぼくじゅう
6 そうるい
7 かいむ
8 ばいたい
9 かつあい
10 せっかん（せきかん）
11 すうはい
12 おうこう
13 にんしん
14 べってい
15 ごすい
16 しんじゅ
17 けんちょ
18 ろうおう
19 かそせい
20 しゅうせん
21 かんせい
22 かいちゅう

23 帰省の車で交通**渋滞**が甚だしい。
24 **山麓**の紅葉が見頃だ。
25 体調が優れず**下痢**が続いている。
26 **紙幣**を偽造するのは犯罪である。
27 新築にあたり**上棟**式を挙行する。
28 この建築の**施主**は私の父だ。
29 事故機の行方を**捜索**する。
30 **妥協**点を見いだし決着をつける。
31 **雑菌**を消毒してください。
32 情勢を**分析**し今後の課題とする。
33 **凸凹**の道を自転車で走行する。
34 **素人**離れした腕前を披露する。
35 祭礼で**稚児**行列に参加する。
36 結婚の**仲人**を頼まれる。

37 不用意に**言質**を取られるな。
38 **疫病**神として忌み嫌われた。
39 **刃先**を手前にして並べる。
40 キュウリを糠《ぬか》味《み》噌《そ》に**漬**ける。
41 足音を**忍**ばせて近づいてくる。
42 寝る間も**惜**しんで勉学に励む。
43 地震の後の**津波**を警戒すべきだ。
44 **涼**しい部屋で本を読むと良い。
45 運動で体の水分が**奪**われた。
46 子どもだからと**侮**るなかれ。
47 先生が生徒を**褒**めるのは当然だ。
48 ガスの**元栓**を閉めて外出する。
49 **岬**の分校に先生は勤めている。
50 過失に**因**る事故に巻き込まれる。

---

23 じゅうたい
24 さんろく
25 げり
26 しへい
27 じょうとう
28 せしゅ
29 そうさく
30 だきょう
31 ざっきん
32 ぶんせき
33 でこぼこ
34 しろうと
35 ちご
36 なこうど

37 げんち
38 やくびょう
39 はさき
40 つ
41 しの
42 お
43 つなみ
44 すず
45 うば
46 あなど
47 ほ
48 もとせん
49 みさき
50 よ

# 第20日 (2)

## 四字熟語

時間 20分
合格 24

得点
1回目 /30
2回目 /30

● 次の四字熟語の（1〜10）に入る適切な語を下の□の中から選び、漢字二字で記せ。また、後の11〜15の意味にあてはまるものをア〜コの四字熟語から一つ選び、記号で答えよ。

ア（ 1 ）堂堂
イ 我田（ 2 ）
ウ 感慨（ 3 ）
エ（ 4 ）依然
オ 月下（ 5 ）
カ 呉越（ 6 ）
キ（ 7 ）勉励
ク（ 8 ）一体
ケ（ 9 ）自縛
コ 終始（ 10 ）

いっかん
いふう
いんすい
きゅうたい
こっく
さんみ
じじょう
どうしゅう
ひょうじん
むりょう

11 敵対する者が同じ場所に居合わせること。
12 昔のままで、進歩や発展がないさま。
13 自分の言動で自身が苦しむこと。
14 仲人。媒酌人。
15 自分の有利になるように取りはからうこと。

解答

1 威風
2 引水
3 無量
4 旧態
5 氷人
6 同舟
7 刻苦
8 三位
9 自縄
10 一貫

11 カ
12 エ
13 ケ
14 オ
15 イ

● 次の四字熟語の（1～10）に入る適切な語を下の□の中から選び、漢字二字で記せ。また、後の11～15の意味にあてはまるものをア～コの四字熟語から一つ選び、記号で答えよ。

ア（ 1 ）正銘
イ（ 2 ）滅却
ウ 千載（ 3 ）
エ 大言（ 4 ）
オ（ 5 ）西走
カ（ 6 ）自在
キ（ 7 ）奇策
ク 優勝（ 8 ）
ケ（ 9 ）端麗
コ 和衷（ 10 ）

いちぐう
きょうどう
しょうしん
しんとう
そうご
とうほん
へんげん
みょうけい
ようし
れっぱい

11 自分の力以上の大きなことを言うこと。
12 心を同じくして力を合わせること。
13 ある目的のためにあちこち忙しく駆けめぐること。
14 めったにないこと。
15 本物であること。

解答

1 正真
2 心頭
3 一遇
4 壮語
5 東奔
6 変幻
7 妙計
8 劣敗
9 容姿
10 協同

11 エ
12 コ
13 オ
14 ウ
15 ア

# 第20日 (3)

## 書き取り

時間 20分 合格 40

得点 1回目 /50 2回目 /50

● 次の——線のカタカナを漢字に直せ。

1 地震対策委員をイショクされた。
2 飛行機の操縦方法をエトクした。
3 自らの過ちへのカイコンの情。
4 二町のガッペイ協議会を開く。
5 新しい商品をキカクする。
6 キャタツに乗って木の枝を切る。
7 父はキンユウ機関に勤めている。
8 選手のゲキレイ会を行います。
9 十円コウカで支払うことを許す。
10 多額のコクサイが発行される。
11 サイミン術にかけられたようだ。
12 釧路《くしろ》シツゲンの動植物を調べる。
13 縁なきシュジョウは度し難し。
14 自然にショウメツする運命だ。
15 いつもシンシ的な態度でいる。
16 前大会のセツジョクを果たす。
17 紀州ハンシュから将軍になった。
18 チョウダの列が店の前にできる。
19 長い間ナンキン状態に置かれる。
20 ホンポウ初公開のミュージカル。
21 都会のイチグウで寂しく暮らす。
22 祖父はゾウリを愛用している。

解答

1 委嘱
2 会得
3 悔恨
4 合併
5 企画
6 脚立
7 金融
8 激励
9 硬貨
10 国債
11 催眠
12 湿原
13 衆生
14 消滅
15 紳士
16 雪辱
17 藩主
18 長蛇
19 軟禁
20 本邦
21 一隅
22 草履

23 原野をカイコンして農地にした。
24 カドウ部の部長をしている。
25 マラソンの途中でキケンした。
26 キュウすれば通ずと言われる。
27 駅で友人とグウゼンに出会った。
28 ケッカン商品を回収している。
29 コウガイの住宅地に家を建てた。
30 コクヒン級の待遇で迎える。
31 老人をだますサギが増えている。
32 一〇〇メートルの全力シッソウ。
33 事件の証人がシュッテイする。
34 児童向けにショウヤクした全集。
35 このタイツはシンシュク自在だ。
36 衣料用センザイを使用する。

37 ソチャですが召し上がれ。
38 チョウモン客が大勢やってきた。
39 努力のあとがニョジツに現れる。
40 縁起物のマユダマを飾る商家。
41 アマズにつけて食べると美味だ。
42 彼は声をウルませて語り続けた。
43 彼は普段から体をキタえている。
44 熱い恋心に胸をコがした。
45 古着もツクロえば十分着られる。
46 夜の通りでアヤしい人と出会う。
47 ウワグツをきちんと揃《そろ》えよう。
48 彼は欲のカタマリのような人だ。
49 霧のため視界がサエギられた。
50 ナグられても反撃はするな。

---

23 開墾
24 華道
25 棄権
26 窮
27 偶然
28 欠陥
29 郊外
30 国賓
31 詐欺
32 疾走
33 出廷
34 抄訳
35 伸縮
36 洗剤

37 粗茶
38 弔問
39 如実
40 繭玉
41 甘酢
42 潤
43 鍛
44 焦
45 繕
46 怪
47 上靴
48 塊
49 遮
50 殴

# 第21日 (1)

## 読み

時間 15分
合格 40

● 次の――線の読みをひらがなで記せ。

1 眺望の良いレストランでの食事。
2 斎場で行われた葬儀に参列する。
3 丁寧に磨かれた廊下が美しい。
4 祖父が育てた盆栽は見事だ。
5 二十年ぶりの遷宮祭を見学する。
6 縄文時代の貝塚が発見される。
7 敵に対して敢然と立ち向かった。
8 彼のおじいさんは豪傑だ。
9 出棺に際し永遠の別れを告げる。
10 一升瓶に入った酒を購入する。
11 祖父は製靴業を営んでいる。
12 学問を奨励するための寄付金。
13 舶来の品物を大事そうに抱える。
14 協議内容を概括して記録する。
15 工事現場から足場が撤去される。
16 繊細な心を傷つけてしまった。
17 来賓の臨席を賜り光栄の限りだ。
18 浄化槽を設置し、環境を守る。
19 課長の補佐として活躍する。
20 交渉が妥結してストが終わる。
21 妊婦のための優先席がある。
22 残忍な犯罪に心を痛める。

得点
1回目 /50
2回目 /50

解答

1 ちょうぼう
2 さいじょう
3 ていねい
4 ぼんさい
5 せんぐう
6 かいづか
7 かんぜん
8 ごうけつ
9 しゅっかん
10 いっしょう
11 せいか
12 しょうれい
13 はくらい
14 がいかつ
15 てっきょ
16 せんさい
17 らいひん
18 じょうかそう
19 ほさ
20 だけつ
21 にんぷ
22 ざんにん

□ 23 **家督**相続の争いで裁判を起こす。
□ 24 **急逝**の知らせに呆《ぼう》然とする。
□ 25 台風により**甚大**な被害が出た。
□ 26 **荒漠**な土地に移住する者はない。
□ 27 辞書でこの言葉を**検索**しよう。
□ 28 排水を流すため**側溝**を設置する。
□ 29 反対派を**粛清**し、事態を収める。
□ 30 **浴衣**を着て祇園祭《ぎおんまつり》に出かける。
□ 31 いよいよ今年も**師走**を迎える。
□ 32 ここではその話は**御法度**だ。
□ 33 元気な**産声**に両親も安心した。
□ 34 **伝馬船**で荷物を運ぶ。
□ 35 **偽札**作りの罪で犯人が捕まる。
□ 36 海底から石油が**湧**いた。
□ 37 母の形見を**肌身**離さず持つ。
□ 38 竹の**筒**で水鉄砲を作る。
□ 39 危険を**顧**みず敵陣に入る。
□ 40 栗の**渋皮**をむいて調理する。
□ 41 **塀**の向こうに少女がいる。
□ 42 夜風に**涼**む子ども連れがいる。
□ 43 **八重歯**がチャームポイントだ。
□ 44 夕日に**映**える紅葉が美しい。
□ 45 敵を**欺**くにはまず味方からだ。
□ 46 **扉**を開けて花嫁が登場する。
□ 47 **蛇口**にホースを取りつけた。
□ 48 この課題解決には困難を**窮**めた。
□ 49 大きな木の**洞**にリスがいる。
□ 50 荒れ地を**耕**す。

---

23 かとく
24 きゅうせい
25 じんだい
26 こうばく
27 けんさく
28 そっこう
29 しゅくせい
30 ゆかた（よくい）
31 しわす
32 ごはっと
33 うぶごえ
34 てんません（てんまぶね）
35 にせさつ
36 わ
37 はだみ
38 つつ
39 かえり
40 しぶかわ
41 へい
42 すず
43 やえば
44 は
45 あざむ
46 とびら
47 じゃぐち
48 きわ
49 ほら
50 たがや

# 第21日 (2)

## 誤字訂正、対義語・類義語

時間 20分
合格 28

得点
1回目 /34
2回目 /34

● 次の各文にまちがって使われている同じ読みの漢字が一字ある。上に誤字を、下に正しい漢字を記せ。

1 警察は窃盗事件の容疑者の自宅から大量の証拠品を横収した。

2 老朽化した建物を破解する作業は、爆破装置を使って行われた。

3 秋の収獲を感謝する大祭で山車を引く氏子たちが町中を練り歩いた。

4 従業員の慰安を兼ねた旅先で想像を絶する珍奇な事件に遭偶した。

5 寡黙だが克己心を持って健命に努力する彼の姿に人々は感動した。

6 格式のある古い店舗だが創業者自らが大企業の賛下に入ると決めた。

7 台風の直撃を回避できる港への停泊ができず、貨物船は座床した。

8 欠陥商品は製作過程の何が原因で発生したか承細な報告を要求する。

9 集中豪雨の鉄砲水により土砂の堆積や床上浸水など尽大な被害が出た。

10 遷在的な能力を上手に引き出せば、球界を牽《けん》引する選手になる。

11 天候急変による遭難者の必死の掃索活動が夜を徹して行われた。

12 大型車の俳気ガス規制が実施されたが交通渋滞減少の兆しは見えない。

13 初対面の人に無用な遍見を持って接するのは極めて失礼な行為だ。

14 金裕機関に勤務する父は刻々と変化する貨幣相場に関心を寄せている。

---

**解答**

1 横・押
2 解・壊
3 獲・穫
4 偶・遇
5 健・懸
6 賛・傘
7 床・礁
8 承・詳
9 尽・甚
10 遷・潜
11 掃・捜
12 俳・排
13 遍・偏
14 裕・融

●次の1～10の対義語、11～20の類義語を下の□の中から選び、漢字で記せ。□の中の語は一度だけ使うこと。

対義語

1 勤勉
2 不足
3 軽快
4 釈放
5 召還
6 定住
7 暴露
8 放任
9 隆起
10 下賜

類義語

11 強壮
12 激怒
13 受胎
14 親密
15 難点
16 妨害
17 暗示
18 工事
19 卓抜
20 養生

かじょう・がんけん
かんしょう・かんぼつ
けっかん・けっしゅつ
けんじょう・こうそく
こんい・しさ
せっせい・そうちょう
そし・たいだ
にんしん・はけん
ひとく・ふしん
ふんがい・るろう

解答

1 怠惰
2 過剰
3 荘重
4 拘束
5 派遣
6 流浪
7 秘匿
8 干渉
9 陥没
10 献上
11 頑健
12 憤慨
13 妊娠
14 懇意
15 欠陥
16 阻止
17 示唆
18 普請
19 傑出
20 摂生

# 第21日 (3)

## 書き取り

時間20分
合格40

得点
1回目 /50
2回目 /50

● 次の——線のカタカナを漢字に直せ。

1 計画にはイチマツの不安がある。
2 エントウ形の建物が見えますか。
3 新しいデータをカイセキする。
4 禍福はあざなえるナワのごとし。
5 常にキゲンがいいとは限らない。
6 立派なソウシキをあげた。
7 クウバクとした議論が続く会議。
8 締切までまだユウヨがある。
9 ゴウケツ肌の人だと言われる。
10 コツズイバンクに登録する。
11 記録からサクジョしてください。
12 クジュウの選択を迫られる。
13 花のシュビョウを扱う店を開く。
14 ショクタク職員として働く。
15 スイハン器でお菓子を作る。
16 自然のセツリには逆らえない。
17 タイイは軍の幹部である。
18 時計がチンレツされたガラス棚。
19 鼻のネンマクを傷つけてしまう。
20 条約のヤッカンに違反する。
21 彼は百年に一人のイツザイだよ。
22 納入が遅れエンタイ金がかかる。

解答

1 一抹
2 円筒
3 解析
4 縄
5 機嫌
6 葬式
7 空漠
8 猶予
9 豪傑
10 骨髄
11 削除
12 苦渋
13 種苗
14 嘱託
15 炊飯
16 摂理
17 大尉
18 陳列
19 粘膜
20 約款
21 逸材
22 延滞

23 辞書のカイテイ版を作る作業。
24 大会のカクネン開催が決まった。
25 キギョウ秘密は教えられない。
26 核のキョウイにさらされ続けた。
27 仕事のグチは言ってはいけない。
28 この薬草はゲドク作用がある。
29 医療費がコウジョされる。
30 陸のコトウと言われる山奥の村。
31 留学したいと親にコンガンした。
32 窓を閉め切ってシャオンする。
33 まるでシュラバのような状態だ。
34 家族で楽しくショクタクを囲む。
35 コンレイの準備に忙しい。
36 セスナ機が上空をセンカイする。

37 ショウニ科で診察を受ける。
38 建物のツボスウを計算している。
39 家の前のハイスイコウが詰まる。
40 地下牢《ろう》にユウヘイされている。
41 アワれな境遇の老人に出会った。
42 企業をオコすことは困難を伴う。
43 喉がカワく前に水分をとる。
44 サルシバイにはだまされないよ。
45 托《たく》鉢の僧に金銭をホドコす。
46 オサナい頃の思い出を語る。
47 父母の弟にあたる人はオジだ。
48 丹頂《たんちょう》鶴のカンダカい鳴き声。
49 サワらぬ神にたたりなしと言う。
50 陶器のメキきとして知られた人。

23 改訂
24 隔年
25 企業
26 脅威
27 愚痴
28 解毒
29 控除
30 孤島
31 懇願
32 遮音
33 修羅場
34 食卓
35 婚礼
36 旋回

37 小児
38 坪数
39 排水溝
40 幽閉
41 哀
42 興
43 渇
44 猿芝居
45 施
46 幼
47 叔父
48 甲高
49 触
50 目利

# 第22日 (1)

## 読み

時間15分 合格40

● 次の――線の読みをひらがなで記せ。

1 彼は国外に**放逐**されたようだ。
2 **衷情**を訴え、信頼につなげる。
3 名人の対局を**棋譜**に残す。
4 念のため**備忘録**に書いておこう。
5 **虚無僧**が諸国を行脚する。
6 制度の**存廃**を議論する。
7 **安逸**な暮らしに満足するな。
8 神前で**誓詞**を交わして約束する。
9 **繁閑**の状況を把握した経営だ。
10 **縄文**時代の土器が出土する。
11 駅が近くて**至極**便利である。
12 水道管が破裂し、**漏水**する。
13 **窯変**により微妙な色合いが出る。
14 彼女は**花柳界**で生きている。
15 ヒューマニズムに**立脚**した意見。
16 心の**内奥**を分析するのが仕事だ。
17 **干潟**で生物の観察をする。
18 私は今、両親を**扶養**している。
19 この音楽は**胎教**に良い。
20 **玉璽**は侍従職が保管する。
21 方向**音痴**のため、道に迷う。
22 **熟睡**できたので体が楽になった。

得点
1回目 /50
2回目 /50

解答

1 ほうちく
2 ちゅうじょう
3 きふ
4 びぼうろく
5 こむそう
6 そんぱい
7 あんいつ
8 せいし
9 はんかん
10 じょうもん
11 しごく
12 ろうすい
13 ようへん
14 かりゅうかい
15 りっきゃく
16 ないおう
17 ひがた
18 ふよう
19 たいきょう
20 ぎょくじ
21 おんち
22 じゅくすい

23 登山中は**飢渇**状態に注意しよう。
24 交渉が**円滑**に運び、妥結する。
25 **無銘**の書画は価値が下がる。
26 仏前に**香華**を手向ける。
27 流感の**潜伏**期間は二、三日だ。
28 君の言ったことは**侮言**だ。
29 **旧弊**を改め新しい制度が始まる。
30 双方が**唇歯**の関係にある。
31 **漠**とした不安をぬぐい去れない。
32 小型の**舟艇**で上陸する。
33 本会議での少数意見を**併記**する。
34 **患部**に湿布薬を貼る。
35 彼は先日の**筆禍**事件の当事者だ。
36 この要求を社長に**直訴**しよう。
37 人材を適切に**登庸**するべきだ。
38 **勇壮**な行進曲で入場する。
39 待てば海路の**日和**あり。
40 縁なき**衆生**は度し難し。
41 会場には**寂**として声はなかった。
42 **大雑把**な性格は父親譲りだ。
43 教員になって着任校に**赴**く。
44 父は冬の間、**出稼**ぎに行く。
45 問題はますます**泥沼**化してきた。
46 この辺りは**緩**いカーブだ。
47 君と僕の仲を**勘繰**られる。
48 突然の指名に**面食**らってしまう。
49 社長の**懐刀**として活躍する。
50 **粗**挽《び》きのコショウを料理に使う。

---

23 きかつ
24 えんかつ
25 むめい
26 こうげ
27 せんぷく
28 ぶげん
29 きゅうへい
30 しんし
31 ばく
32 しゅうてい
33 へいき
34 かんぶ
35 ひっか
36 じきそ
37 とうよう
38 ゆうそう
39 ひより
40 しゅじょう
41 せき
42 おおざっぱ
43 おもむ
44 でかせ
45 どろぬま
46 ゆる
47 かんぐ
48 めんく
49 ふところがたな
50 あら

# 第22日 (2)

## 部首、同音・同訓異字

時間 20分
合格 42

得点
1回目 　／52
2回目 　／52

● 次の漢字の部首を記せ。

〈例〉菜［艹］　間［門］

1 駄
2 頒
3 辛
4 案
5 売
6 肯
7 戻
8 秀
9 窃
10 碁
11 丈
12 蛍
13 密
14 朱
15 問
16 帥
17 憂
18 兵
19 升
20 劾
21 垂
22 慰
23 官
24 丙

解答

| | |
|---|---|
| 1 | 馬 |
| 2 | 頁 |
| 3 | 辛 |
| 4 | 木 |
| 5 | 士 |
| 6 | 肉 |
| 7 | 戸 |
| 8 | 禾 |
| 9 | 穴 |
| 10 | 石 |
| 11 | 一 |
| 12 | 虫 |
| 13 | 宀 |
| 14 | 木 |
| 15 | 口 |
| 16 | 巾 |
| 17 | 心 |
| 18 | 八 |
| 19 | 十 |
| 20 | 力 |
| 21 | 土 |
| 22 | 心 |
| 23 | 宀 |
| 24 | 一 |

● 次の――線のカタカナを漢字に直せ。

1 カビンに挿した花が美しい。
2 神経がカビンになっている。
3 交通ジュウタイに巻き込まれる。
4 一列ジュウタイで行進する。
5 玄関にショウシュウ剤を置く。
6 臨時国会がショウシュウされる。
7 水中で青いモが揺れる。
8 祖父のモ中のため自粛する。
9 国境をオカして亡命する。
10 校則をオカして謹慎処分となる。
11 カゲンの月を眺めている。
12 手カゲンせずに指導する。
13 祖父がキトク状態となる。
14 キトク権を主張して反論する。
15 スイセン入学の試験に挑む。
16 スイセンの花を一輪飾る。
17 ムネ上げの儀式が行われる。
18 質素をムネとした生活を続ける。
19 招待客をキヒン室に案内する。
20 キヒンの漂う女性に出会う。
21 彼がキュウチを救ってくれた。
22 彼とはキュウチの間柄である。
23 自由をキョウジュして暮らす。
24 父は大学のキョウジュである。
25 身をサす寒さが続いている。
26 雨の中、傘をサして歩く。
27 災害ホショウの保険に加入する。
28 言論の自由をホショウする。

解答

1 花瓶
2 過敏
3 渋滞
4 縦隊
5 消臭
6 召集
7 藻
8 喪
9 侵
10 犯
11 下弦
12 加減
13 危篤
14 既得
15 推薦
16 水仙
17 棟
18 旨
19 貴賓
20 気品
21 窮地
22 旧知
23 享受
24 教授
25 刺
26 差
27 補償
28 保障

# 第22日(3)

## 書き取り

時間20分
合格40

得点
1回目 /50
2回目 /50

● 次の——線のカタカナを漢字に直せ。

1 妻と人生のアイカンを共にする。
2 イッセキの小舟が湖に浮かぶ。
3 老人ホームのイモンを続ける。
4 冥福を祈ってエコウをする。
5 オウトツのある道路に注意する。
6 彼はオンケンな思想の持ち主だ。
7 津軽《つがる》カイキョウを渡る船に乗る。
8 電子レンジでカイトウする。
9 友人をアイショウで呼ぶ。
10 鍛え抜いたガンケンな身体。
11 講演を聴いてカンメイを受けた。
12 日本海に配備されたカンテイ。
13 競馬のキシュになるのは難しい。
14 モッキンをたたいた音楽の時間。
15 不幸なキョウガイの中で育つ。
16 彼は漢詩を朗々とギンエイした。
17 思慮の足りないグコウと笑う。
18 神社のケイダイで子どもが遊ぶ。
19 ケッシュツした作品が多く残る。
20 この品はコウズカ向きのものだ。
21 裁判でコクビャクをつける。
22 試行サクゴを繰り返す。

解答

1 哀歓
2 一隻
3 慰問
4 回向
5 凹凸
6 穏健
7 海峡
8 解凍
9 愛称
10 頑健
11 感銘
12 艦艇
13 騎手
14 木琴
15 境涯
16 吟詠
17 愚行
18 境内
19 傑出
20 好事家
21 黒白
22 錯誤

23 祖父のジジョデンを読む。
24 勝者に天皇シハイが手渡された。
25 戦争のジュウゲキ戦で亡くなる。
26 火曜の夜はジュクに通っている。
27 空気をジョウカする働きをする。
28 酒のジョウゾウ元であった家。
29 何をしてもジョサイが無い人物。
30 弁当とスイトウを忘れずに持つ。
31 長い間セッカン政治が続いた。
32 山の奥にはセンニンがいる。
33 理由のないソガイ感を抱く。
34 金額のタカは問わない。
35 危うくチッソクしそうになった。
36 大和チョウテイが置かれた所だ。

37 他のツイズイを許さない高技術。
38 高波で船がテンプクした。
39 最近はナンドのある家は珍しい。
40 ハロウ警報が出た海は危険だ。
41 ブジョク的な言葉を言われる。
42 ヘンレイ金を受け取る。
43 現在はホウショクの時代である。
44 ハイキガスの規制が厳しくなる。
45 術後の経過はキワめて良好だ。
46 袋の口をアサナワで縛っている。
47 電車のつり革をニギる。
48 お祝いの品にコトブキと書いた。
49 家族全員の写真をトる。
50 君の言葉をハゲみとして生きる。

23 自叙伝
24 賜杯
25 銃撃
26 塾
27 浄化
28 醸造
29 如才
30 水筒
31 摂関
32 仙人
33 疎外
34 多寡
35 窒息
36 朝廷

37 追随
38 転覆
39 納戸
40 波浪
41 侮辱
42 返戻
43 飽食
44 排気
45 極
46 麻縄
47 握
48 寿
49 撮
50 励

# 第23日 (1) 読み

時間 15分 合格 40

● 次の——線の読みをひらがなで記せ。

1 動物の雌には**卵巣**がある。
2 **平穏**な毎日を願って祈る。
3 初志**貫徹**が彼のモットーである。
4 三人寄れば**文殊**の知恵。
5 この辺りで**小憩**しよう。
6 師走は**煩忙**を極める日々が続く。
7 入国時に**検疫**を受ける。
8 **風霜**に耐えて生きる。
9 悪事に**荷担**して捕らえられる。
10 **防弾**チョッキを着る。
11 炭酸飲料の**気泡**が見える。
12 **駄弁**を弄することはやめよう。
13 **同僚**と飲む酒はおいしい。
14 彼女は長男を**偏愛**している。
15 利益を株主に**還元**する。
16 彼の**邸宅**に招待され、光栄だ。
17 野菜作りは**育苗**から始めよう。
18 彼は心神**耗弱**の状態にあった。
19 牧場で乳牛の**搾取**を手伝う。
20 **消化**液は胃や腸の分泌物である。
21 大会で優勝できて**本望**だ。
22 優しい祖父が**長逝**して悲しい。

得点 1回目 /50 2回目 /50

解答

1 らんそう
2 へいおん
3 かんてつ
4 もんじゅ
5 しょうけい
6 はんぼう
7 けんえき
8 ふうそう
9 かたん
10 ぼうだん
11 きほう
12 だべん
13 どうりょう
14 へんあい
15 かんげん
16 ていたく
17 いくびょう
18 こうじゃく
19 さくしゅ
20 しょうか
21 ほんもう
22 ちょうせい

23 彼女はこの文書を抄訳している。
24 味方の敗北は必定のようだ。
25 隣国から王妃を迎える。
26 抑揚のない話し方は良くない。
27 その方位への出立は禁忌だ。
28 法事で僧侶にお布施を渡す。
29 慈悲深い尼僧に悩みを話す。
30 造幣局の桜を観賞する。
31 高温で滅菌した食器を使用する。
32 いつまでも把持する決意でいる。
33 質実剛健が自慢の兄を持つ。
34 カンガルーは有袋類である。
35 悪事が露見して解雇される。
36 数日の閑暇を得ることができた。

37 擬人法が使われた文章だ。
38 仕事に追われて寧日がない。
39 香車は前方に進める駒である。
40 太刀を抜いて戦う。
41 火影を頼りにやって来る。
42 洞穴を探検しよう。
43 稲作のため、苗代をうつ。
44 金属を溶かして硬貨を鋳る。
45 言霊が宿ると信じられていた。
46 言うは易く行うは難し。
47 そんなことは知る由もなかった。
48 反論して矛先をかわす。
49 この鞄《かばん》を提げて出かけよう。
50 休日は専ら庭いじりをしている。

23 しょうやく
24 ひつじょう
25 おうひ
26 よくよう
27 きんき
28 ふせ
29 じひ
30 ぞうへい
31 めっきん
32 はじ
33 ごうけん
34 ゆうたいるい
35 ろけん
36 かんか

37 ぎじんほう
38 ねいじつ
39 きょうしゃ
40 たち
41 ほかげ
42 ほらあな (どうけつ)
43 なわしろ
44 い
45 ことだま
46 かた
47 よし
48 ほこさき
49 さ
50 もっぱ

# 第23日 (2)

## 四字熟語

時間 20分
合格 24
得点
1回目 /30
2回目 /30

● 次の四字熟語の（1～10）に入る適切な語を下の□の中から選び、漢字二字で記せ。また、後の11～15の意味にあてはまるものをア～コの四字熟語から一つ選び、記号で答えよ。

ア（ 1 ）阻喪
イ（ 2 ）無二
ウ 無為（ 3 ）
エ（ 4 ）豪傑
オ 空空（ 5 ）

カ（ 6 ）管弦
キ（ 7 ）一刻
ク 勢力（ 8 ）
ケ（ 9 ）衝天
コ 粒粒（ 10 ）

いき
えいしゅん
しいか
しゃに
しゅんしょう
しんく
としょく
どはつ
はくちゅう
ばくばく

11 ある仕事の成就のため、こつこつと努力を重ねること。
12 何の仕事もせず、ぶらぶらと遊び暮らすこと。
13 物事に取り組む気力を失ってしまうこと。
14 ものすごい怒りの形相。
15 果てしなく広がるさま。

解答

1 意気
2 遮二
3 徒食
4 英俊
5 漠漠
6 詩歌
7 春宵
8 伯仲
9 怒髪
10 辛苦

11 コ
12 ウ
13 ア
14 ケ
15 オ

● 次の四字熟語の（1～10）に入る適切な語を下の□の中から選び、漢字二字で記せ。また、後の11～15の意味にあてはまるものをア～コの四字熟語から一つ選び、記号で答えよ。

ア 古今（ 1 ）
イ 大喝（ 2 ）
ウ 暖衣（ 3 ）
エ 公明（ 4 ）
オ（ 5 ）得喪
カ 軽薄（ 6 ）
キ 失望（ 7 ）
ク 生生（ 8 ）
ケ（ 9 ）徹底
コ 不偏（ 10 ）

いっせい
かふく
せいだい
たいご
たんしょう
ふとう
ほうしょく
むそう
らくたん
るてん

11 公平で中正の立場をとること。
12 万物は永遠に生死を繰り返して絶えず移り変わること。
13 あてがはずれてがっかりすること。
14 苦労のない生活をすること。
15 迷いを去って真理を悟りきること。

解答

1 無双
2 一声
3 飽食
4 正大
5 禍福
6 短小
7 落胆
8 流転
9 大悟
10 不党

11 コ
12 ク
13 キ
14 ウ
15 ケ

# 第23日 (3) 書き取り

時間 20分 合格 40

得点 1回目 /50 2回目 /50

● 次の――線のカタカナを漢字に直せ。

1 アエンはメッキの材料にする。
2 大豆をアッサクして豆腐を作る。
3 さまざまなイツワを持つ人だ。
4 両者の技術力はウンデイの差だ。
5 軽くエシャクする程度でいいよ。
6 オンチなのでカラオケは嫌いだ。
7 仏像のカイゲン法要をした。
8 カクゲツに発刊されている雑誌。
9 会話の部分にはカッコをつける。
10 大陸横断をカンコウする。
11 ジョウミャクに点滴をする。
12 ガンジョウな体だけが自慢です。
13 本命馬にキジョウする。
14 汚職は徹底的にキュウダンする。
15 ギョウケツした粒子がたまる。
16 キンキュウ避難命令が下された。
17 初盆のクモツを届けるつもりだ。
18 ケイチョウ用の礼服を購入した。
19 死を悼みケンカする人の行列。
20 作品のコウセツは問わない。
21 コショウの水質保全に関する法。
22 修行僧は毎朝ザゼンを組む。

解答

1 亜鉛
2 圧搾
3 逸話
4 雲泥
5 会釈
6 音痴
7 開眼
8 隔月
9 括弧
10 敢行
11 静脈
12 頑丈
13 騎乗
14 糾弾
15 凝結
16 緊急
17 供物
18 慶弔
19 献花
20 巧拙
21 湖沼
22 座禅

23 シッコクの長い髪を持つ少女。
24 情状シャクリョウの余地がない。
25 遠くでジュウセイが響いた。
26 横綱に勝ちシュクン賞をもらう。
27 彼はショウコンたくましい男だ。
28 極楽ジョウドへと導く仏。
29 何事もシンボウが肝心だ。
30 高額なセイキュウ書を見て驚く。
31 卒業式で国歌セイショウを行う。
32 父上はごソウケンですか。
33 粘土で作ったソゾウの原型。
34 かつてタンコウで働いた人々。
35 跡取り息子はチャクナンと言う。
36 敵をチョウハツするのは危険だ。
37 飛行機のツイラク現場を見た。
38 信号機は今テンメツしている。
39 トンシャの掃除は毎日行う。
40 若い頃ナンパで知られていた父。
41 ハクシャク婦人を車で送迎する。
42 ハンカ街に人がいなくて寂しい。
43 岩石をフンサイする工場である。
44 地震で建物がホウカイした。
45 かつてボウセキ工場があった。
46 オソジモで農作物に被害が出る。
47 ハチウえの松の木を玄関に置く。
48 自分自身をイヤしめる行いだ。
49 過去をカエリみず未来を向け。
50 失敗をサトられないようにする。

23 漆黒
24 酌量
25 銃声
26 殊勲
27 商魂
28 浄土
29 辛抱
30 請求
31 斉唱
32 壮健
33 塑像
34 炭坑
35 嫡男
36 挑発
37 墜落
38 点滅
39 豚舎
40 軟派
41 伯爵
42 繁華
43 粉砕
44 崩壊
45 紡績
46 遅霜
47 鉢植
48 卑
49 顧
50 悟

# 第24日(1) 読み

時間 15分 合格 40

得点 1回目 /50 2回目 /50

● 次の――線の読みをひらがなで記せ。

1 中国語の音韻を学ぶ。
2 彼の演説が舌禍を招いた。
3 妃殿下が母校にお出ましになる。
4 疾風と共に迅雷が襲う。
5 このようなことをして面目ない。
6 基本方針を堅持して取り組もう。
7 主将として部員を統率する。
8 下書きした文章を浄書する。
9 彼の巧みな話術に陥落した。
10 両者がこの大会で覇を競った。
11 彼の死を悼み、弔電を打つ。
12 示された答申の摘要を読む。
13 江戸時代の譜代大名であった。
14 彼の行く末を思い、赦免を請う。
15 草履を修理してもらう。
16 擬態語を使って感覚を表現する。
17 煩労を惜しまずに努力する。
18 打ち水は涼感を誘ってくれる。
19 遺漏のないよう注意する。
20 問題は漸進的に解決していく。
21 実験で融解の様子を記録する。
22 スキーの滑降競技に出場する。

解答

1 おんいん
2 ぜっか
3 ひでんか
4 じんらい
5 めんぼ(も)く
6 けんじ
7 とうそつ
8 じょうしょ
9 かんらく
10 は
11 ちょうでん
12 てきよう
13 ふだい
14 しゃめん
15 ぞうり
16 ぎたい
17 はんろう
18 りょうかん
19 いろう
20 ぜんしん
21 ゆうかい
22 かっこう

23 社会の悪弊を一掃する。
24 松の花は風媒花である。
25 先生の恩情に感泣する。
26 全体を包括して扱う。
27 一族の系譜をたどる。
28 池沼の風景を楽しむ旅行に出る。
29 余剰金を参加者に返却する。
30 球茎は養分を多量に貯蔵する。
31 少年は前途を嘱望されている。
32 重要な部分を抜粋しておこう。
33 戦争で国土が荒廃する。
34 現世の愉楽に生きる。
35 この部屋は何やら抹香臭い。
36 彼の祖父はこの町の篤志家だ。
37 冬枯れの野原は索漠としている。
38 恭賀新年の文字を年賀状に書く。
39 風紀が退廃する学校を立て直す。
40 築地《つきじ》の魚河岸に出かける。
41 和装のときには足袋を履く。
42 商売がはやらず、進退窮まる。
43 非難の矢面に立っても良い。
44 肥料を施して作物を育てる。
45 雨の滴がしたたり落ちる。
46 包丁の切れ味が鈍る。
47 年端も行かぬ子が歌う。
48 今日、先生のお宅に伺います。
49 彼は家業を継ぐために帰郷した。
50 子どもは好奇心の塊である。

---

23 あくへい
24 ふうばい
25 かんきゅう
26 ほうかつ
27 けいふ
28 ちしょう
29 よじょう
30 きゅうけい
31 しょくぼう
32 ばっすい
33 こうはい
34 ゆらく
35 まっこう
36 とくし
37 さくばく
38 きょうが
39 たいはい
40 うおがし
41 たび
42 きわ
43 やおもて
44 ほどこ
45 しずく
46 にぶ
47 としは
48 うかが
49 つ
50 かたまり

# 第24日 (2)

# 誤字訂正、対義語・類義語

時間20分
合格28

得点
1回目 ／34
2回目 ／34

● 次の各文にまちがって使われている同じ読みの漢字が一字ある。上に誤字を、下に正しい漢字を記せ。

1 外国から招いた交響楽団の見事な演奏を聴き、感動の余員に浸る。

2 地震で皆滅的被害にあったが献身的な活動により奇跡的に復興した。

3 残虐な犯行を繰り返した被疑者に殺人罪のほかに遺岐罪が適用された。

4 紅葉が彩りを添える立山連峰の散策後、一行は黒部狭谷に入った。

5 新たな機能を搭採した機器が販売され、購入者の長蛇の列ができた。

6 経営難に陥り会社合併の是非を問う緊急の株主総会を開債した。

7 優秀な選手の育成には各競技の施設や設備の従実が不可欠である。

8 利用者が多い公共施設だが、正式な呼唱は住民から認知されていない。

9 知事は自然景観と世界遺産を活かした観光事業を伸興すると公約した。

10 父は長年過措地での医療行為に携わり、自宅看護の重要性を力説する。

11 部屋の模様替えをしたが、熱帯魚の水倉の設置場所に困惑している。

12 高齢化した創始者の引退を機に新旧の役員が変わり新鎮代謝が進んだ。

13 一時期暴騰した地価は下落を続け閑散とした商業地を持つ地域もある。

14 還暦を迎えた父は放置してきた荒れ地を整えて果樹の栽媒を始めた。

解答

1 員・韻
2 皆・壊
3 岐・棄
4 狭・峡
5 採・載
6 債・催
7 従・充
8 唱・称
9 伸・振
10 措・疎
11 倉・槽
12 鎮・陳
13 騰・騰
14 媒・培

●次の1～10の対義語、11～20の類義語を下の□の中から選び、漢字で記せ。□の中の語は一度だけ使うこと。

**対義語**

1 質素
2 欠乏
3 献上
4 巧遅
5 削除
6 希薄
7 真実
8 蓄積
9 販売
10 繁忙

**類義語**

11 快復
12 緩慢
13 歳月
14 心酔
15 掃討
16 適切
17 納得
18 排除
19 横領
20 翼下

かし・かんさん
きょぎ・くちく
けいとう・ごうか
こうばい・さしゅ
さんか・じゅうそく
しょうもう・せいそう
せっそく・そうにゅう
だとう・ちゆ
てっきょ・のうこう
ゆうちょう・りょうしょう

**解答**

1 豪華　2 充足　3 下賜　4 拙速　5 挿入　6 濃厚　7 虚偽　8 消耗　9 購買　10 閑散

11 治癒　12 悠長　13 星霜　14 傾倒　15 駆逐　16 妥当　17 了承　18 撤去　19 詐取　20 傘下

# 第24日 (3)

## 書き取り

時間20分 合格40

得点 1回目 /50 2回目 /50

● 次の——線のカタカナを漢字に直せ。

1 前世でアクゴウをつくった報い。
2 アリュウの域を超えない作品。
3 イハツを継ぐのはあの人だ。
4 エキショウテレビが普及した。
5 東京はかつてエドと呼ばれた。
6 オデイを処理する施設である。
7 オンワな表現に改めなさい。
8 カイソウを干している漁師町。
9 カコンを残すような言動。
10 ガハクと呼ばれるほどの腕前だ。
11 コウセイして社会復帰する。
12 カンゾウの薬を飲み続ける。
13 城がカンラクするまでの歴史。
14 ギゼン的な行動を否定する。
15 韓国のキュウテイ料理を食べた。
16 キョウリョウな人は嫌われる。
17 俳句仲間と春のギンコウに出た。
18 現代社会にケイショウを鳴らす。
19 年老いてゲダツの境地に入る。
20 ゲンソウ的な雰囲気のある茶店。
21 時間にコウソクされたくない。
22 その言い方はゴヘイがあるよ。

解答

1 悪業
2 亜流
3 衣鉢
4 液晶
5 江戸
6 汚泥
7 穏(温)和
8 海藻
9 禍根
10 画伯
11 更生
12 肝臓
13 陥落
14 偽善
15 宮廷
16 狭量
17 吟行
18 警鐘
19 解脱
20 幻想
21 拘束
22 語弊

23 サンバシから船出する人を送る。
24 会社の信用がシッツイする。
25 踏切ではシャダン機が下りる。
26 上陸用シュウテイで乗り上げた。
27 彼はまれにみるシュンサイだ。
28 ジョウザイになった薬を飲む。
29 戸籍ショウホンを手に入れる。
30 社長にズイコウして出張する。
31 永平寺《えいへいじ》はゼンシュウの寺だ。
32 生産量をゼンゾウさせたい。
33 優勝杯のソウダツ戦となる。
34 城のソトボリに植えられた桜。
35 毎年鮎のチギョを放流している。
36 友人代表のチョウジを読む。

37 チョクメイで作られた『古今集《こきんしゅう》』。
38 トウコウは焼き物を作る人だ。
39 北海道に置かれたトンデンヘイ。
40 彼はレンケツの政治家だ。
41 幕末にハンコウで学び世に出た。
42 仮名を漢字にヘンカンする。
43 ボウガイを受けて進まない。
44 ここの交通量はホウワ状態だ。
45 白菜のおいしいツケモノを作る。
46 ネブクロの中から星空を眺めた。
47 真っ黒い雲が山頂をオオう。
48 カタヨった考え方が気になる。
49 会社は短期間に急成長をトげた。
50 川面に魚がハねる瞬間を撮る。

23 桟橋
24 失墜
25 遮断
26 舟艇
27 俊才
28 錠剤
29 抄本
30 随行
31 禅宗
32 漸増
33 争奪
34 外堀
35 稚魚
36 弔辞

37 勅命
38 陶工
39 屯田兵
40 廉潔
41 藩校
42 変換
43 妨害
44 飽和
45 漬物
46 寝袋
47 覆
48 偏
49 遂
50 跳

# 第25日（1） 読み

時間 15分 合格 40

得点 1回目 /50 2回目 /50

● 次の——線の読みをひらがなで記せ。

1 彼には係累が五人いる。
2 郷里の家は廃屋となっている。
3 国の産物を使者が来貢する。
4 彼の窮状を救えるのは君だけだ。
5 職務の怠慢を指摘される。
6 沼沢植物を写真に撮る。
7 禍福門なし唯《ただ》人の招く所。
8 逓信省は郵政省の前身である。
9 奇跡的な生還を心から祝う。
10 犯人を隠匿した罪で裁かれる。
11 泌尿器科を受診し、快癒する。
12 享年八十で祖父は逝去した。
13 食塩が溶質で、水が溶媒である。
14 祖父は恩賜の賞を与えられた。
15 無惨にも夢は打ち砕かれた。
16 壁の落書きを塗抹し、復元する。
17 過ちを繰り返すまいと自戒する。
18 私は優柔不断な性格が嫌だ。
19 閑職に就いた父は落胆している。
20 疎外するような行為は慎もう。
21 国賓を迎え厳戒態勢が取られる。
22 赴任先は孤島の診療所だ。

解答

1 けいるい
2 はいおく
3 らいこう
4 きゅうじょう
5 たいまん
6 しょうたく
7 かふく
8 ていしん
9 せいかん
10 いんとく
11 じゅしん
12 きょうねん
13 ようばい
14 おんし
15 むざん
16 とまつ
17 じかい
18 ゆうじゅう
19 かんしょく
20 そがい
21 こくひん
22 ふにん

23 彼の父は法曹界の重鎮である。
24 言葉の広狭を議論する。
25 海岸沿いの洞門を見学する。
26 有名な画伯が描いた油絵を飾る。
27 彼は当家の嫡嗣である。
28 先哲の教えを守って勉学に励む。
29 本社は海外進出を企図している。
30 鍋奉行が大勢いるので大変だ。
31 発泡スチロールで工作する。
32 真紅の優勝旗を目指して戦う。
33 弊害を伴わないよう配慮する。
34 猟銃は厳重に保管している。
35 芸道の秘奥を究めたいと思う。
36 管弦楽の演奏に聴き入る。

37 死体を剖検し、死因を特定する。
38 盲導犬は目の不自由な方を守る。
39 田舎では納戸に衣服を納める。
40 彼女はどうも内弁慶のようだ。
41 宮内庁御用達《たし》の菓子を献上する。
42 噂《うわさ》は津津浦浦に知れ渡っていた。
43 暖かい毛布で柔肌を包み込む。
44 幼い頃、神童の誉れが高かった。
45 岩陰に身を潜めて隠れている。
46 泥縄の対応策では乗り切れない。
47 部屋の隅にほこりがたまる。
48 批評家が辛口のコメントを言う。
49 沖縄では泡盛がよく飲まれる。
50 ベテランを抑えて優勝する。

---

23 じゅうちん
24 こうきょう
25 どうもん
26 がはく
27 ちゃくし
28 せんてつ
29 きと
30 ぶぎょう
31 はっぽう
32 しんく
33 へいがい
34 りょうじゅう
35 ひおう
36 かんげん

37 ぼうけん
38 もうどうけん
39 なんど
40 うちべんけい
41 くないちょう
42 つつうらうら
43 やわはだ
44 ほま
45 ひそ
46 どろなわ
47 すみ
48 からくち
49 あわもり
50 おさ

# 第25日 (2)

## 熟語の構成、漢字と送りがな

時間20分
合格36
得点
1回目 /45
2回目 /45

● 熟語の構成のしかたには次のようなものがある。

ア 同じような意味の漢字を重ねたもの (岩石)
イ 反対または対応の意味を表す字を重ねたもの (高低)
ウ 上の字が下の字を修飾しているもの (洋画)
エ 下の字が上の字の目的語・補語になっているもの (着席)
オ 上の字が下の字の意味を打ち消しているもの (非常)

次の熟語は右のア〜オのどれにあたるか、一つ選び、記号で答えよ。

1 去就
2 閲兵
3 安寧
4 慶事
5 祈念
6 剛柔
7 非凡
8 絞首
9 厚薄
10 徹夜
11 怠惰
12 傑物
13 傘下
14 賠償
15 点滅
16 盗塁
17 不惑
18 釣果
19 抑揚
20 論旨

解答
1 イ 2 エ 3 ア 4 ウ 5 ア 6 イ 7 オ 8 エ 9 イ 10 エ 11 ア 12 ウ 13 ウ 14 ア
15 イ 16 エ 17 オ 18 ウ 19 イ 20 ウ

● 次の——線のカタカナを漢字一字と送りがな（ひらがな）に直せ。

〈例〉問題にコタエル。 答える

1 敵をアザムク作戦に出た。
2 子どもだと思ってアナドルな。
3 世の風潮にイキドオッている。
4 季節の花で食卓をイロドル。
5 彼はその方面の事情にウトイ。
6 神前でウヤウヤシク礼をする。
7 彼の行動は物議をカモシた。
8 波が岩にあたってクダケル。
9 惜敗してクヤシイ思いをした。
10 人の気にサワルことをするな。
11 兄とシタウ人と旅行する予定だ。
12 古新聞をひもできつくシバル。
13 適当にその場をツクロウな。
14 遺族をトムラウために出向いた。
15 水辺にイコウ鳥たちの絵を描く。
16 今年の初雪が富士山頂をオオウ。
17 君のオオセの通り何でも従うよ。
18 大きな課題に頭をカカエル。
19 アルバイトで学費をカセグ。
20 カンバシイ結果が出なかった。
21 要求をコバムことはしない。
22 両者のヘダタリはまだ大きい。
23 夜空にマタタク星を眺める。
24 責任をマヌカレルことはない。
25 特産物を領主にミツグ。

解答

1 欺く
2 侮る
3 憤っ
4 彩る
5 疎い
6 恭しく
7 醸し
8 砕ける
9 悔しい
10 障る
11 慕う
12 縛る
13 繕う
14 弔う
15 憩う
16 覆う
17 仰せ
18 抱える
19 稼ぐ
20 芳しい
21 拒む
22 隔たり
23 瞬く
24 免れる
25 貢ぐ

# 第25日（3）

## 書き取り

時間20分
合格40

得点
1回目　/50
2回目　/50

● 次の――線のカタカナを漢字に直せ。

1 ごみの山からアクシュウが漂う。
2 イオウ成分を含んだ良質の温泉。
3 新しい時代のイブキにふれる。
4 エキビョウ対策のための委員会。
5 夜のエンカイ会場はここです。
6 複雑カイキな物語が展開する。
7 ガイトウする箇所に丸をする。
8 カビな服装はできる限り避ける。
9 他人の行動にカンショウするな。
10 マグロのカンヅメを開ける。
11 役所の中でも有能なカンリだ。
12 同窓会館建築のためのキフ金。
13 不正をキュウメイする。
14 キョジャク体質を改善した。
15 幹がクウドウになった大木。
16 ケイタイ電話の電源を切ろう。
17 印象派絵画のケッサクに出会う。
18 ケンメイに努力したが失敗した。
19 コクショの夏がようやく終わる。
20 コンチュウを捕まえた。
21 祖母はシギン教室に通っている。
22 この村にはシツボクな人が多い。

解答

1 悪臭
2 硫黄
3 息吹
4 疫病
5 宴会
6 怪奇
7 該当
8 華美
9 干渉
10 缶詰
11 官吏
12 寄付（附）
13 糾明
14 虚弱
15 空洞
16 携帯
17 傑作
18 懸命
19 酷暑
20 昆虫
21 詩吟
22 質朴

23 そんな考えはジャドウだ。
24 煙がジュウマンして危なかった。
25 スナオな人柄で人気がある。
26 ショウサンは刺激臭がある。
27 ジョウマンな文章は読みにくい。
28 地場産業がスイタイしつつある。
29 建築のセコウ技術が進化した。
30 平安セントから一二〇〇年経つ。
31 食物をソマツにしてはいけない。
32 あまりにもチセツな文章を書く。
33 世界でも有数のチョウジュ国だ。
34 不祥事に対しチンシャします。
35 真相をテッテイ的に調べる。
36 寺の朝はドキョウの声で始まる。

37 春山はナダレが起きやすい。
38 ハイキ物処理工場を建てる。
39 熱帯雨林のバッサイによる影響。
40 ヒョウハクの詩人として有名だ。
41 何のヘンテツもない事件である。
42 天皇のホウギョに接し、涙ぐむ。
43 天に届くほどのマテンロウ。
44 大地震が起こるオソレがある。
45 かつてのオモカゲが残っている。
46 「ソウロウ」は古文で用いる語。
47 野菜を植えるためのナエドコ。
48 講演はおもしろくカつ有益だ。
49 カロうじて最終電車に間に合う。
50 ブタニクを使った料理をする。

23 邪道
24 充満
25 素直
26 硝酸
27 冗漫
28 衰退
29 施工
30 遷都
31 粗末
32 稚拙
33 長寿
34 陳謝
35 徹底
36 読経

37 雪崩
38 廃棄
39 伐採
40 漂泊
41 変哲
42 崩御
43 摩天楼
44 虞
45 面影
46 候
47 苗床
48 且
49 辛
50 豚肉

# 実戦模擬テスト〈第1回〉

解答には、常用漢字の旧字体や表外漢字および常用漢字音訓表以外の読みを使ってはいけない。

時間 60分
合格点 160点
得点 /200

(一) 次の――線の漢字の読みをひらがなで記せ。 (30) 1×30

1 籠鳥雲を恋うのたとえもある。
2 交渉は暗礁に乗り上げた。
3 努力したので、ご褒美をあげる。
4 事務所に匿名の手紙が届いた。
5 専門委員会に諮問する。
6 愛猫が縁側で昼寝をしている。
7 定款に反することはできない。
8 朝廷への謀反の企てが発覚した。
9 予算の残金で消耗品を購入した。
10 あの二人は犬猿の仲だ。
11 偏狭な考えをしてはいけない。
12 議論の応酬を繰り返した。
13 これはまだ暫定的な予算である。
14 痩身の男性がたたずんでいる。
15 軽く会釈する程度で結構です。
16 公金を拐帯した罪に問われた。
17 彼は今、諸国を遊説している。
18 役人が収賄罪で起訴された。
19 逐次刊行物を所蔵している。

解答

(一)
1 ろうちょう
2 あんしょう
3 ほうび
4 とくめい
5 しもん
6 あいびょう
7 ていかん
8 むほん
9 しょうもう（しょうこう）
10 けんえん
11 へんきょう
12 おうしゅう
13 ざんてい
14 そうしん
15 えしゃく
16 かいたい
17 ゆうぜい
18 しゅうわい
19 ちくじ

20 将来は彼の双肩にかかっている。
21 失言により大臣が更迭された。
22 手間賃を稼いで生活している。
23 濃霧で視界が遮られた。
24 彼も惨めな姿になったものだ。
25 緩やかな坂道が続く。
26 仲間から疎んじられてつらい。
27 学力を培うことが大きな課題だ。
28 歩き過ぎて爪先を痛めた。
29 過去の失敗を暴くのは卑劣だ。
30 この道で玄人と呼べる人は少ない。

---

(二) 次の漢字の部首を記せ。

〈例〉菜 [艹] 間 [門]

(10) 1×10

1 繭
2 卑
3 頓
4 窯
5 衛
6 髄
7 慶
8 礁
9 尋
10 劾

---

20 そうけん
21 こうてつ
22 かせ
23 さえぎ
24 みじ
25 ゆる
26 うと
27 つちか
28 つまさき
29 あば
30 くろうと

(二)
1 糸
2 十
3 頁
4 穴
5 行
6 骨
7 心
8 石
9 寸
10 力

(三) 熟語の構成のしかたには次のようなものがある。 (20) 2×10

ア　同じような意味の漢字を重ねたもの　（岩石）
イ　反対または対応の意味を表す字を重ねたもの　（高低）
ウ　上の字が下の字を修飾しているもの　（洋画）
エ　下の字が上の字の目的語・補語になっているもの　（着席）
オ　上の字が下の字の意味を打ち消しているもの　（非常）

次の熟語は右のア～オのどれにあたるか、一つ選び、記号で答えよ。

1 環礁
2 親疎
3 無尽
4 添削
5 検閲
6 安寧
7 閲兵
8 謄写
9 財閥
10 免租

(四) 次の四字熟語について、問1と問2に答えよ。 (30)

問1 次の四字熟語の（1～10）に入る適切な語を下の□の中から選び、漢字二字で記せ。 (20) 2×10

ア（ 1 ）鉄壁
イ 多岐（ 2 ）
ウ 酔生（ 3 ）
エ（ 4 ）充棟
オ（ 5 ）連理
カ（ 6 ）幽谷
キ 群雄（ 7 ）
ク 万緑（ 8 ）
ケ（ 9 ）連衡
コ 隠忍（ 10 ）

いっこう
かっきょ
がっしょう
かんぎゅう
きんじょう
じちょう
しんざん
ひよく
ぼうよう
むし

解答

(三)
1 ウ
2 イ
3 オ
4 イ
5 ア
6 ア
7 エ
8 ア
9 ウ
10 エ

(四) 問1
1 金城
2 亡羊
3 夢死
4 汗牛
5 比翼
6 深山
7 割拠
8 一紅
9 合従
10 自重

**問2** 次の11～15の意味にあてはまるものを**問1**のア～コの四字熟語から**一つ**選び、記号で答えよ。 (10) 2×5

11 蔵書が非常に多いこと。多くの書籍。

12 多くの平凡な物の中でただ一つ優れて目立つこと。

13 物事が非常にしっかりと堅固なこと。

14 夫婦が極めて仲むつまじいことのたとえ。

15 じっと我慢して軽々しい行動は慎むこと。

**(五)** 次の1～5の**対義語**、6～10の**類義語**を後の□の中から選び、**漢字**で記せ。□の中の語は一度だけ使うこと。 (20) 2×10

**対義語**

1 反逆

2 多弁

3 枯渇

4 凝固

5 任命

**類義語**

6 寄与

7 親友

8 困苦

9 熟知

10 暗示

かもく・きょうじゅん
こうけん・しさ・じゅんたく
しんさん・ちき・つうぎょう
ひめん・ゆうかい

**問2**
11 エ
12 ク
13 ア
14 オ
15 コ

**(五)**
1 恭順
2 寡黙
3 潤沢
4 融解
5 罷免
6 貢献
7 知己
8 辛酸
9 通暁
10 示唆

㈥ 次の——線のカタカナを漢字に直せ。 (20) 2×10

1 委員長にイギを申し立てる。
2 イギのある仕事を任される。
3 ぶつかった時のカンショウ材だ。
4 内政カンショウはしない。
5 深いシサクから生まれた提案。
6 文教シサクについて論じる。
7 友の死をイタんで花を手向ける。
8 古い家屋だからイタみが激しい。
9 酒を飲み過ぎると体にサワる。
10 この作品はサワることができる。

㈦ 次の各文にまちがって使われている同じ読みの漢字が一字ある。上に誤字を、下に正しい漢字を記せ。 (10) 2×5

1 市町村は、一般排棄物処理計画を策定し、適正な分別、保管、収集、運搬、再生、処分等を行うこと。
2 回顧録執筆のため人生を振り返ってみると、多大の悔恨と近少の満足とが交錯した心境に陥るものだ。
3 環境保全のため湖沼の水質醸化を推進する条例が可決されたが、土壌の悪化は深刻な状況にある。
4 国際親善に係る非営利法人では、授業料不徴収協定を締結した学校への交喚留学生を募集している。
5 新しい市の誕生を契機に観光伸興計画を作り、行政と民間が連携して景勝地の把握・点検を行っている。

㈧ 次の——線のカタカナを漢字一字と送りがな(ひらがな)に直せ。 (10) 2×5

〈例〉 問題にコタエル。 答える

解答

㈥
1 異議
2 意義
3 緩衝
4 干渉
5 思索
6 施策
7 悼
8 傷
9 障
10 触

㈦
1 排・廃
2 近・僅
3 醸・浄
4 喚・換
5 伸・振

1 罪をツグナウには時間がかかる。
2 寄付金で経費をマカナウ。
3 興のオモムクままに行動する。
4 球を受けソコナウことがある。
5 他人をサゲスムことはするな。

(九) 次の——線のカタカナを漢字に直せ。 (50) 2×25

1 優秀な選手をカツボウしている。
2 若者のコヨウを支援する。
3 コウガイに引っ越す。
4 損害をバイショウさせる。
5 自然の恵みをキョウジュする。
6 ソウソフは偉大な人物だった。
7 いかにもチンプなデザインだ。
8 有名な作品とコクジしている。
9 上司にシッセキされた。
10 まず人のモホウから始めなさい。
11 その件はショウダクしていない。
12 多額のフサイを抱えて倒産した。
13 父母のクントウを受けて育った。
14 ヒナン訓練を実施する。
15 これはヘイガイを伴う事業だ。
16 二酸化炭素をハイシュツする。
17 カチュウに巻き込まれる。
18 いつまでもダミンをむさぼるな。
19 雲行きが怪しくアワてて帰った。
20 娘は祖母によくナツいている。
21 二人の間のミゾは埋まらない。
22 前言をヒルガエして拒否した。
23 ミニクい行為は慎みたいものだ。
24 注意をオコタると危ないよ。
25 人の心をモテアソぶ行為だ。

(八) 1 償う 2 賄う 3 赴く 4 損なう 5 蔑む

(九) 1 渇望 2 雇用 3 郊外 4 賠償 5 享受 6 曽祖父 7 陳腐 8 酷似 9 叱責 10 模倣 11 承諾 12 負債 13 薫陶 14 避難 15 弊害 16 排出 17 渦中 18 惰眠 19 慌 20 懐 21 溝 22 翻 23 醜 24 怠 25 弄

# 実戦模擬テスト〔第2回〕

解答には、常用漢字の旧字体や表外漢字および常用漢字音訓表以外の読みを使ってはいけない。

時間 60分
合格点 160点
得点 /200

(一) 次の――線の漢字の読みをひらがなで記せ。 (30) 1×30

1 不遜な態度に反感を持たれる。
2 岩石を粉砕する機械が壊れた。
3 店の売上金を勘定する。
4 ピアノの旋律に耳を傾ける。
5 彼は人の好悪が激しい。
6 若くして部長に累進する。
7 小冊子を無料で頒布した。
8 彼は諭旨免職処分を受けた。
9 顔面を殴打されて負傷した。
10 彼は憤然として立ち去った。
11 会社が年俸制度を導入した。
12 祖母の長唄を聴いて育った。
13 還暦を機に西国行脚の旅に出た。
14 申込金を返戻してもらう。
15 父から受け継いだ窯業を営む。
16 出勤簿に毎日押印しなさい。
17 利害がぶつかり会議は紛糾した。
18 彼はどこにでもいる凡庸な人だ。
19 この家には尼僧が住んでいる。

解答

(一)
1 ふそん
2 ふんさい
3 かんじょう
4 せんりつ
5 こうお
6 るいしん
7 はんぷ
8 ゆし
9 おうだ
10 ふんぜん
11 ねんぽう
12 ながうた
13 あんぎゃ
14 へんれい
15 ようぎょう
16 おういん
17 ふんきゅう
18 ぼんよう
19 にそう

20 趣味の会で漢詩を吟詠した。
21 その説の矛盾を喝破する。
22 彼の芳しい評判は聞かない。
23 目が回るほど忙しい。
24 穏やかな気候の地で療養する。
25 子どもたちが憩う公園。
26 一勝してようやく全敗を免れた。
27 九月に入り暑さが和らぐ。
28 前例に倣って処理するつもりだ。
29 祖母は毎日糸を紡ぐ仕事をする。
30 渋柿を加工して食する。

---

(二) 次の漢字の部首を記せ。

〈例〉 菜 ［⺾］　間 ［門］

(10) 1×10

1 彰
2 泰
3 爵
4 督
5 褒
6 嗣
7 漸
8 虎
9 雇
10 頒

---

20 ぎんえい
21 かっぱ
22 かんば
23 いそが
24 おだ
25 いこ
26 まぬか(が)
27 やわ
28 なら
29 つむ
30 しぶがき

(二)
1 彡
2 氺
3 爫
4 目
5 衣
6 口
7 氵
8 虍
9 隹
10 頁

㈢ **熟語の構成**のしかたには次のようなものがある。 (20) 2×10

ア 同じような意味の漢字を重ねたもの (岩石)
イ 反対または対応の意味を表す字を重ねたもの (高低)
ウ 上の字が下の字を修飾しているもの (洋画)
エ 下の字が上の字の目的語・補語になっているもの (着席)
オ 上の字が下の字の意味を打ち消しているもの (非常)

次の熟語は右の**ア〜オ**のどれにあたるか、**一つ**選び、**記号**で答えよ。

1 示威
2 悠久
3 巧拙
4 遺児
5 慶弔
6 公僕
7 不惑
8 賠償
9 盗塁
10 去就

㈣ 次の**四字熟語**について、問2と問1に答えよ。 (30)

問1 次の**四字熟語**の(1〜10)に入る適切な語を下の□の中から選び、**漢字二字**で記せ。 (20) 2×10

ア (1)定離
イ (2)玉条
ウ 堅忍(3)
エ (4)烈日
オ 高論(5)
カ 昼夜(6)
キ (7)曲直
ク 取捨(8)
ケ 唯我(9)
コ 千載(10)

いちぐう
えしゃ
きんか
けんこう
しゅうそう
ぜひ
せんたく
たくせつ
どくそん
ふばつ

解答

㈢
1 エ
2 ア
3 イ
4 ウ
5 イ
6 ウ
7 オ
8 ア
9 エ
10 イ

㈣ 問1
1 会者
2 金科
3 不抜
4 秋霜
5 卓説
6 兼行
7 是非
8 選択
9 独尊
10 一遇

問2 次の11～15の意味にあてはまるものを問1のア～コの四字熟語から一つ選び、記号で答えよ。 (10) 2×5

11 休みなく仕事をすること。

12 我慢強く耐えて心を動かさないこと。

13 ひとりよがり。

14 めったにないこと。またとないよい機会。

15 最も大切にして守らなければならない重要な規則。

(五) 次の1～5の対義語、6～10の類義語を後の□の中から選び、漢字で記せ。□の中の語は一度だけ使うこと。 (20) 2×10

対義語

1 下落

2 軽侮

3 汚染

4 放任

5 繁忙

類義語

6 扇動

7 座視

8 起源

9 省略

10 工事

かつあい・かんさん
かんしょう・じょうか
すうはい・ちょうはつ・とうき
はっしょう・ふしん・ぼうかん

問2

11 カ
12 ウ
13 ケ
14 コ
15 イ

(五)

1 騰貴
2 崇拝
3 浄化
4 干渉
5 閑散
6 挑発
7 傍観
8 発祥
9 割愛
10 普請

(六) 次の――線のカタカナを漢字に直せ。 (20) 2×10

1 彼はいつもカンヨウな態度だ。
2 何よりも気配りがカンヨウだ。
3 作品の冒頭にケンジを載せる。
4 彼は自己ケンジ欲が強い。
5 災害ホショウ金が支給された。
6 両国の安全ホショウに係る問題。
7 少し時間をサいてください。
8 布きれをサいて応急処置をした。
9 政府軍が反乱をシズめた。
10 沿岸の海底に魚礁をシズめた。

(七) 次の各文にまちがって使われている同じ読みの漢字が一字ある。上に誤字を、下に正しい漢字を記せ。 (10) 2×5

1 対策本部会議を開催し、専門家の分析を参照しながら感染防止のために賞励する措置について協議した。
2 前線が太平洋沿岸に蛇行して停滞し、山間部に観測史上に例のない集中豪雨をもたらす危愚がある。
3 住民福祉に関して採算を重視する民間企業が主導する方向性は、将来に渦根を残すので議論を尽くせ。
4 人事異動後の環境に慣れるまで、現実と肖燥感との狭間で極度の不安に陥ることは皆が経験することだ。
5 尽大な被害を受けた納税者を対象に納付期限延期の制度があるので、所轄の事務所に申請してください。

(八) 次の――線のカタカナを漢字一字と送りがな(ひらがな)に直せ。 (10) 2×5

〈例〉問題にコタエル。 答える

解答

(六)
1 寛容
2 肝要
3 献辞
4 顕示
5 補償
6 保障
7 割
8 裂
9 鎮
10 沈

(七)
1 賞・奨
2 愚・惧
3 渦・禍
4 肖・焦
5 尽・甚

1 冷たい態度がウラメシイ。
2 定説をクツガエス大発見だ。
3 親の言いつけにソムク。
4 彼はウヤウヤシク頭を下げた。
5 アキラメルのはまだ早い。

(九) 次の――線のカタカナを漢字に直せ。　(50) 2×25

1 キョウキンを開いて話をする。
2 任務を最後までスイコウする。
3 金の貸し借りをソウサイする。
4 これは国のスウジク産業だ。
5 いかなる時もゴウモンを禁ずる。
6 彼はゴフク屋を営んでいる。
7 バクゼンとした不安が残った。
8 ショセン彼は子どもなのだ。
9 クツジョク的な仕打ちだった。
10 救いを求めて仏道にキエした。
11 裁判の傍聴にホウテイへ行く。
12 彼は今自宅キンシン中だ。
13 カゲンの月が空に浮かぶ。
14 ヨジョウ農産物を輸出する。
15 ボンノウを断つのは難しい。
16 毎朝アイビョウにエサをやる。
17 人生のキロに立ち、悩んでいる。
18 郷土芸能にゾウケイが深い。
19 友人にソソノカされた。
20 ミジめな暮らしから脱出したい。
21 卒業式をオゴソかに執り行った。
22 負けてクヤしい思いをした。
23 父は医療にタズサわっている。
24 人が去り町がスタれてきた。
25 ハシの上げ下ろしにも気を配る。

(八)
1 恨めしい
2 覆す
3 背く
4 恭しく
5 諦める

(九)
1 胸襟
2 遂行
3 相殺
4 枢軸
5 拷問
6 呉服
7 漠然
8 所詮
9 屈辱
10 帰依
11 法廷
12 謹慎
13 下弦
14 余剰
15 煩悩
16 愛猫
17 岐路
18 造詣
19 唆
20 惨
21 厳
22 悔
23 携
24 廃
25 箸

# 実戦模擬テスト〈第3回〉

解答には、常用漢字の旧字体や表外漢字および常用漢字音訓表以外の読みを使ってはいけない。

時間 60分
合格点 160点
得点 /200

(一) 次の――線の漢字の読みをひらがなで記せ。 (30) 1×30

1 彼の生き方は刹那的だ。
2 つつしんで哀悼の意を表します。
3 核を抑止する活動。
4 側溝にたまった汚泥を掃除する。
5 時宜にかなった取り組みだと思う。
6 お越しいただき恐縮千万です。
7 稲の出穂期を待つ。
8 穀物の収穫量が逓減している。
9 綱紀を粛正する必要がある。
10 ビーナスの塑像を作る。
11 その判断はまだ時期尚早である。
12 不燃性の気体を充填する。
13 上司に意向を打診する。
14 妹は歯並びを矯正している。
15 喜びと悲しみが交錯する。
16 交通事故撲滅の活動。
17 漆器に料理を盛りつける。
18 姉の生き方は自由奔放だ。
19 大願成就して第一希望が叶《かな》った。

解答

(一)
1 せつな
2 あいとう
3 よくし
4 おでい
5 じぎ
6 きょうしゅく
7 しゅっすい
8 ていげん
9 しゅくせい
10 そぞう
11 しょうそう
12 じゅうてん
13 だしん
14 きょうせい
15 こうさく
16 ぼくめつ
17 しっき
18 ほんぽう
19 じょうじゅ

20 財産を子どもに譲渡する。
21 高原の清澄な空気を吸う。
22 難関に敢えて挑むことにした。
23 恩師の言葉が心の糧となる。
24 辛うじて会議に間に合った。
25 甚だしく不利な条件にある。
26 友人の話に口を挟む。
27 道の幅を広げる工事を行う。
28 将来を担う子どもたちを育てる。
29 蛇が鎌首をもたげる。
30 伊勢《いせ》神宮に神楽を奉納する。

---

(二) 次の漢字の**部首**を記せ。 (10) 1×10

〈例〉 菜 [艹]　間 [門]

1 矯
2 嵐
3 膚
4 堕
5 酷
6 羅
7 幣
8 奨
9 窮
10 慰

---

20 じょうと
21 せいちょう
22 いど
23 かて
24 かろ
25 はなは
26 はさ
27 はば
28 にな
29 かまくび
30 かぐら

(二)
1 矢
2 山
3 肉
4 土
5 酉
6 罒
7 巾
8 大
9 穴
10 心

(三) **熟語の構成**のしかたには次のようなものがある。 (20) 2×10

ア 同じような意味の漢字を重ねたもの (岩石)

イ 反対または対応の意味を表す字を重ねたもの (高低)

ウ 上の字が下の字を修飾しているもの (洋画)

エ 下の字が上の字の目的語・補語になっているもの (着席)

オ 上の字が下の字の意味を打ち消しているもの (非常)

次の熟語は右の**ア**～**オ**のどれにあたるか、**一つ**選び、**記号**で答えよ。

1 飢餓
2 顕在
3 扶助
4 興廃
5 貴賓
6 懐疑
7 多寡
8 非凡
9 慶事
10 赴任

(四) 次の**四字熟語**について、**問1**と**問2**に答えよ。 (30)

**問1** 次の**四字熟語**の(1～10)に入る適切な語を下の□の中から選び、**漢字二字**で記せ。 (20) 2×10

ア 一陽(1)
イ 安寧(2)
ウ 文人(3)
エ (4)壮大
オ 竜頭(5)
カ (6)撃壌
キ (7)雷同
ク 大言(8)
ケ (9)得喪
コ (10)衝天

いき
かふく
きう
こふく
そうご
だび
ちつじょ
ふわ
ぼっかく
らいふく

**解答**

(三)
1 ア
2 ウ
3 ア
4 イ
5 ウ
6 エ
7 イ
8 オ
9 ウ
10 エ

(四) **問1**
1 来復
2 秩序
3 墨客
4 気宇
5 蛇尾
6 鼓腹
7 付和
8 壮語
9 禍福
10 意気

問2 次の11～15の意味にあてはまるものを問1のア～コの四字熟語から一つ選び、記号で答えよ。 (10) 2×5

11 自分の意見がなく、他人の説にわけもなく賛成すること。

12 詩歌や書画など、文芸をたしなむ風雅な人。

13 自分の力以上の大きなことを言うこと。

14 悪いことが続いたあと、ようやく運が向いてくること。

15 最初は素晴らしく、終わりはつまらないこと。

(五) 次の1～5の対義語、6～10の類義語を後の□の中から選び、漢字で記せ。□の中の語は一度だけ使うこと。 (20) 2×10

対義語

1 空虚

2 巧妙

3 率先

4 釈放

5 蓄積

類義語

6 反逆

7 削除

8 架空

9 沿革

10 全治

かいゆ・きょこう・こうそく
じゅうじつ・しょうもう
せつれつ・ついずい・へんせん
むほん・まっしょう

問2

11 キ
12 ウ
13 ク
14 ア
15 オ

(五)

1 充実
2 拙劣
3 追随
4 拘束
5 消耗
6 謀反
7 抹消
8 虚構
9 変遷
10 快癒

(六) 次の――線のカタカナを漢字に直せ。 (20) 2×10

1 キョウイの速度で進歩する。
2 核のキョウイにさらされている。

3 仲間をソガイしてはいけない。
4 我々の行く手をソガイする敵だ。

5 極度の食欲フシンになった。
6 事業の再建にフシンしてきた。

7 自らの進退を思いワズラう。
8 病気をワズラって半年になる。

9 ツツシんでお受けします。
10 暴飲暴食はツツシみなさい。

(七) 次の各文にまちがって使われている同じ読みの漢字が一字ある。上に誤字を、下に正しい漢字を記せ。 (10) 2×5

1 予算委員会は大物政治家の巨額献金事件を巡る与野党の応酬により完全に形概化した。

2 原動機付自転車を使用する際は、自動車損害媒償保障法によって保険への強制加入が必要となる。

3 金融危機の影響を受けて多額の負済を抱えた地元企業が、地裁に会社更生法の適用を申請した。

4 逃望のよい景観の保全条例を定め、規制や指導を強化して優れた観光地の維持・創出に努める市町村がある。

5 初冬の登山道において至近距離で熊に遭偶した時の対処法について狩猟を専門とする人に尋ねた。

(八) 次の――線のカタカナを漢字一字と送りがな(ひらがな)に直せ。 (10) 2×5

〈例〉 問題にコタエル。 答える

解答

(六)
1 驚異
2 脅威
3 疎外
4 阻害
5 不振
6 腐心
7 煩
8 患
9 謹
10 慎

(七)
1 概・骸
2 媒・賠
3 済・債
4 逃・眺
5 偶・遇

1 夏の昼間は額から汗がシタタル。
2 大好きな人を思い胸をコガス。
3 敵に向かい壮絶な最期をトゲル。
4 友人が結婚披露宴をモヨオス。
5 危うく海でオボレルところだった。

(九) 次の——線のカタカナを漢字に直せ。 (50) 2×25

1 あれはケンメイな処置だった。
2 問題の解決にクリョする。
3 タンテイ事務所を構えている。
4 新システムがカドウし始めた。
5 ジヒの心をもって接している。
6 セッチュウ案を示してください。
7 カンペキな出来栄えをめざす。
8 詩の世界ではインリツが大事だ。
9 クラヤミから急に人影が現れた。
10 他人にクドクを施して生きる。
11 事の本質をドウサツする力。
12 暖房時の部屋のカンキに注意。
13 経歴サショウで免職となった。
14 春のイブキを感じる。
15 社長はゾウワイ罪で逮捕された。
16 叔父は北海道でラクノウを営む。
17 銃弾でジュンショクした刑事。
18 首相は大臣をコウテツした。
19 家賃の支払いがトドコオる。
20 工場に新しい機械をスえた。
21 イまわしい記憶を消す。
22 失敗であることはイナめない。
23 料理の腕をミガく。
24 この勝負は彼のネバり勝ちだ。
25 恥ずかしさにホオを染める。

(八)
1 滴る
2 焦がす
3 遂げる
4 催す
5 溺れる

(九)
1 賢明
2 苦慮
3 探偵
4 稼働(動)
5 慈悲
6 折衷
7 完璧
8 韻律
9 暗闇
10 功徳
11 洞察
12 換気
13 詐称
14 息吹
15 贈賄
16 酪農
17 殉職
18 更迭
19 滞
20 据
21 忌
22 否
23 磨
24 粘
25 頬

## 絶対覚えたい！ 読み

8割程度が2級配当漢字から、残りはそれ以下の級に配当された漢字や熟字訓が出題されるので、2級配当漢字はもちろんのこと、それ以下の級の配当漢字の読みや熟字訓なども確実に身につけておきたい。ここでは、過去に出題された読みの問題の中から、特に重要なものを取り上げた。（・印は2級配当漢字）

| | |
|---|---|
| 愛猫・ | アイビョウ |
| 暁・ | アカツキ |
| 圧搾 | アッサク |
| 行脚 | アンギャ |
| 暗礁・ | アンショウ |
| 憤・り | イキドオリ |
| 礎 | イシズエ |
| 委譲 | イジョウ |
| 挑・む | イドむ |
| 否む | イナむ |
| 息吹 | イブキ |
| 卑しい | イヤしい |

| | |
|---|---|
| 因循・ | インジュン |
| 韻・律 | インリツ |
| 憂さ | ウさ |
| 渦・潮 | ウズシオ |
| 疎・い | ウトい |
| 産毛 | ウブゲ |
| 麗しい | ウルワしい |
| 会釈 | エシャク |
| 押印 | オウイン |
| 殴打 | オウダ |
| 横柄 | オウヘイ |
| 仰せ | オオせ |

| | |
|---|---|
| 陥・る | オチイる |
| 汚泥・ | オデイ |
| 陥・れる | オトシイれる |
| 己 | オノレ |
| 脅かす | オビヤかす<br>オドかす |
| 懐・柔 | カイジュウ |
| 拐帯 | カイタイ |
| 解剖・ | カイボウ |
| 薫・る | カオる |
| 閣僚・ | カクリョウ |
| 禍根 | カコン |
| 傍ら | カタワら |

| | |
|---|---|
| 渇・望 | カツボウ |
| 寡・聞 | カブン |
| 窯・元 | カマモト |
| 絡む | カラむ |
| 渇・く | カワく |
| 観桜 | カンオウ |
| 寛・厳 | カンゲン |
| 乾漆・ | カンシツ |
| 頑・是ない | ガンゼない |
| 詰問 | キツモン |
| 脚立 | キャタツ |
| 急騰・ | キュウトウ |
| 恐悦 | キョウエツ |
| 境涯・ | キョウガイ |
| 狭義 | キョウギ |
| 恭・順 | キョウジュン |
| 矯・正 | キョウセイ |

| | |
|---|---|
| 謹・啓 | キンケイ |
| 琴・線 | キンセン |
| 空漠・ | クウバク |
| 苦衷・ | クチュウ |
| 功徳 | クドク |
| 酌・む | クむ |
| 供養 | クヨウ |
| 群青 | グンジョウ |
| 薫・陶 | クントウ |
| 慶・事 | ケイジ |
| 軽侮・ | ケイブ |
| 懸案 | ケンアン |
| 厳粛・ | ゲンシュク |
| 請う | コう |
| 控除 | コウジョ |
| 更迭・ | コウテツ |
| 剛・腹 | ゴウフク |

| | |
|---|---|
| 拷・問 | ゴウモン |
| 枯渇・ | コカツ |
| 虚空 | コクウ |
| 湖沼 | コショウ |
| 勤行 | ゴンギョウ |
| 混紡 | コンボウ |
| 災禍・ | サイカ |
| 砕・石 | サイセキ |
| 災厄・ | サイヤク |
| 宰・領 | サイリョウ |
| 挿・す | サす |
| 諭・す | サトす |
| 散逸・ | サンイツ |
| 惨禍・ | サンカ |
| 私淑・ | シシュク |
| 市井 | シセイ |
| 肢・体 | シタイ |

| | |
|---|---|
| 滴る | シタタる |
| 漆黒 | シッコク |
| 疾病 | シッペイ |
| 賜杯 | シハイ |
| 滋味 | ジミ |
| 蛇腹 | ジャバラ |
| 春宵 | シュンショウ |
| 殉職 | ジュンショク |
| 滋養 | ジヨウ |
| 硝煙 | ショウエン |
| 召還 | ショウカン |
| 成就 | ジョウジュ |
| 醸成 | ジョウセイ |
| 従容 | ショウヨウ |
| 迅速 | ジンソク |
| 枢要 | スウヨウ |
| 据える | スえる |

| | |
|---|---|
| 数寄屋 | スキヤ |
| 統べる | スべる |
| 星霜 | セイソウ |
| 清澄 | セイチョウ |
| 施錠 | セジョウ |
| 拙宅 | セッタク |
| 折衷 | セッチュウ |
| 漸次 | ゼンジ |
| 旋風 | センプウ |
| 荘厳 | ソウゴン |
| 喪心 | ソウシン |
| 山車 | ダシ |
| 奪還 | ダッカン |
| 手綱 | タヅナ |
| 建坪 | タテツボ |
| 矯める | タめる |
| 堕落 | ダラク |

| | |
|---|---|
| 戯れる | タワムれる |
| 探索 | タンサク |
| 短冊 | タンザク |
| 逐次 | チクジ |
| 稚拙 | チセツ |
| 血眼 | チマナコ |
| 沖天 | チュウテン |
| 中庸 | チュウヨウ |
| 弔辞 | チョウジ |
| 勅命 | チョクメイ |
| 直轄 | チョッカツ |
| 築山 | ツキヤマ |
| 培う | ツチカう |
| 謹む | ツツシむ |
| 鼓 | ツヅミ |
| 偵察 | テイサツ |
| 転嫁 | テンカ |

| | |
|---|---|
| 督促 | トクソク |
| 懐く | ナツく |
| 納屋 | ナヤ |
| 媒酌 | バイシャク |
| 培養 | バイヨウ |
| 栄え | ハえ |
| 鋼 | ハガネ |
| 謀る | ハカる |
| 覇業 | ハギョウ |
| 辱め | ハズカシめ |
| 甚だしい | ハナハだしい |
| 阻む | ハバむ |
| 繁雑 | ハンザツ |
| 晩酌 | バンシャク |
| 頒布 | ハンプ |
| 秀でる | ヒイでる |
| 罷免 | ヒメン |

| | |
|---|---|
| 翻る | ヒルガエる |
| 頻出 | ヒンシュツ |
| 更ける | フける |
| 普請 | フシン |
| 敷設 | フセツ |
| 払暁 | フツギョウ |
| 賦与 | フヨ |
| 粉砕 | フンサイ |
| 憤然 | フンゼン |
| 平衡 | ヘイコウ |
| 弊社 | ヘイシャ |
| 俸給 | ホウキュウ |
| 褒賞 | ホウショウ |
| 紡織 | ボウショク |
| 葬る | ホウムる |
| 捕虜 | ホリョ |
| 煩悩 | ボンノウ |

| | |
|---|---|
| 満遍なく | マンベンなく |
| 磨く | ミガく |
| 惨め | ミジめ |
| 網羅 | モウラ |
| 物憂い | モノウい |
| 厄日 | ヤクビ |
| 約款 | ヤッカン |
| 悠久 | ユウキュウ |
| 融合 | ユウゴウ |
| 遊説 | ユウゼイ |
| 癒着 | ユチャク |
| 窯業 | ヨウギョウ |
| 詠む | ヨむ |
| 羅列 | ラレツ |
| 冷徹 | レイテツ |
| 錬磨 | レンマ |
| 煩わしい | ワズラわしい |

絶対覚えたい!

# 書き取り

2級と3級に配当された漢字から約8割。残り2割は、それ以下の級の漢字と高校で読みを習う漢字が出題される。特に3級配当漢字から多く出題されているので、2級配当漢字のみを中心にしないほうがよい。ここでは、過去に出題された書き取り問題の中から、特に重要なものを取り上げた。

| | |
|---|---|
| アイソ | 愛想 |
| アイビョウ | 愛猫 |
| アカツキ | 暁 |
| アきる | 飽きる |
| アバく | 暴く |
| アラい | 粗い |
| アワ | 泡 |
| アワてる | 慌てる |
| イキドオる | 憤る |
| イコう | 憩う |
| イセキ | 移籍 |
| イツクしむ | 慈しむ |
| イッシ | 一矢 |
| イッセイ | 一斉 |
| イドむ | 挑む |
| イまわしい | 忌まわしい |
| イロウ | 遺漏 |
| エリモト | 襟元 |
| オ | 緒 |
| オウヒ | 王妃 |
| オドす | 脅す |
| オンビン | 穏便 |
| ガイネン | 概念 |
| カク | 核 |
| ガクフ | 楽譜 |
| カセぐ | 稼ぐ |
| カチュウ | 渦中 |
| カツラク | 滑落 |
| カテ | 糧 |
| カネ | 鐘 |
| カモす | 醸す |
| カラ | 殻 |
| カラい | 辛い |
| カンキ | 喚起 |
| ガンコ | 頑固 |
| カンテイ | 官邸 |
| カンバしい | 芳しい |
| カンベン | 勘弁 |
| キエ | 帰依 |
| キザし | 兆し |
| ギセイ | 犠牲 |
| キツモン | 詰問 |
| キョウキン | 胸襟 |
| キョウシュウ | 郷愁 |
| キョウジン | 凶刃 |
| キョウユウ | 享有 |
| キンパク | 緊迫 |
| グウハツ | 偶発 |
| クダく | 砕く |
| クツガエる | 覆る |
| クドク | 功徳 |
| クむ | 酌む |
| クヤしい | 悔しい |
| クンプウ | 薫風 |
| ケイキ | 契機 |
| ケイコク | 渓谷 |
| ケイヤク | 契約 |
| ケイヨウ | 掲揚 |
| ケンオ | 嫌悪 |
| ケンメイ | 賢明 |
| コウカイ | 後悔 |
| コウゴウしい | 神神しい |
| コウシ | 格子 |
| コウショウ | 高尚 |
| ゴウテイ | 豪邸 |
| コクフク | 克服 |
| コらしめる | 懲らしめる |
| サイソク | 催促 |
| サイタク | 採択 |
| サクゲン | 削減 |
| サセン | 左遷 |
| サトす | 諭す |
| サマタげる | 妨げる |
| サムライ | 侍 |
| サワる | 障る |
| サンカ | 傘下 |
| ザンテイ | 暫定 |
| シセイ | 市井 |
| ジゼン | 慈善 |
| シタツヅミ | 舌鼓 |
| シッカン | 疾患 |
| シバる | 縛る |
| ジヒ | 慈悲 |
| シブい | 渋い |
| シめる | 締める |
| ジャアク | 邪悪 |
| シャショウ | 車掌 |

| | |
|---|---|
| シャフツ | 煮沸 |
| シュウギ | 祝儀 |
| ジュウチン | 重鎮 |
| ショウレイ | 奨励 |
| シロウト | 素人 |
| シンギ | 審議 |
| シンパン | 審判 |
| スウハイ | 崇拝 |
| スベる | 滑る |
| スれる | 擦れる |
| セ | 瀬 |
| セイリョウ | 清涼 |
| セりあう | 競りあう |
| センサイ | 繊細 |
| センセイ | 宣誓 |
| ソウケン | 双肩 |
| ソクバク | 束縛 |
| タイグウ | 待遇 |
| タイホ | 逮捕 |
| タクす | 託す |
| ダシン | 打診 |
| タズサわる | 携わる |
| ダチン | 駄賃 |
| ダボク | 打撲 |
| タマワる | 賜る |
| チャヅけ | 茶漬け |
| チユ | 治癒 |
| チョウセン | 挑戦 |
| チョウボウ | 眺望 |
| チンプ | 陳腐 |
| ツグナう | 償う |
| ツツシむ | 謹む |
| ツムぐ | 紡ぐ |
| ツル | 弦 |
| テッパイ | 撤廃 |
| テッピ | 鉄扉 |
| テンカ | 転嫁 |
| トウゲイ | 陶芸 |
| トウサイ | 搭載 |
| ドウヨウ | 動揺 |
| トクメイ | 匿名 |
| トソウ | 塗装 |
| ドタンバ | 土壇場 |
| トツぐ | 嫁ぐ |
| ナイフン | 内紛 |
| ナエギ | 苗木 |
| ナマける | 怠ける |
| ニクむ | 憎む |
| ニナう | 担う |
| ヌう | 縫う |
| ネング | 年貢 |
| ノリト | 祝詞 |
| ハキ | 覇気 |
| ハく | 吐く |
| ハグキ | 歯茎 |
| ハクチュウ | 伯仲 |
| ハサむ | 挟む |
| ハチ | 鉢 |
| ハバツ | 派閥 |
| ハバむ | 阻む |
| ハンレイ | 凡例 |
| ヒトキワ | 一際 |
| ヒトハダ | 一肌 |
| ヒョウホウ | 兵法 |
| ヒルガエす | 翻す |
| ヒロウ | 披露 |
| フける | 更ける |
| フサイ | 負債 |
| フセ | 布施 |
| ヘイコウ | 平衡 |
| ホウカツ | 包括 |
| ホウコウ | 芳香 |
| ホウノウ | 奉納 |
| ホウヨウ | 抱擁 |
| ボキン | 募金 |
| ホタル | 蛍 |
| ホテる | 火照る |
| ホる | 彫る |
| ホンポウ | 奔放 |
| マイセツ | 埋設 |
| マタタく | 瞬く |
| マッチャ | 抹茶 |
| マブカ | 目深 |
| マボロシ | 幻 |
| ミガく | 磨く |
| ミジめ | 惨め |
| モ | 藻 |
| モサ | 猛者 |
| ヤトう | 雇う |
| ユウカイ | 融解 |
| ユウチ | 誘致 |
| ユウベン | 雄弁 |
| ユカイ | 愉快 |
| ユらぐ | 揺らぐ |
| ヨイゴし | 宵越し |
| ヨう | 酔う |
| ヨウシャ | 容赦 |
| ヨウセイ | 要請 |
| ランソウ | 卵巣 |
| リシュウ | 履修 |
| ワかす | 沸かす |
| ワンガン | 湾岸 |

## 絶対覚えたい! 同音異字

2級とそれ以下の級に配当された漢字で同音のものを組み合わせて出題される。特に2級配当漢字で同音のものについては、その使い方を確実に身につけておきたい。ここでは、過去に出題された問題を中心として、紛らわしい同音の漢字を取り上げた。

**えっけん**
謁見式への出席。
越権行為。

**おうしゅう**
意見の応酬。
証拠品の押収。

**かいきん**
皆勤賞をもらう。
開襟シャツ。

**かいこ**
解雇通告を受ける。
青春時代を回顧する。
懐古趣味がある。

**かいじゅう**
相手を懐柔する。
怪獣映画。

**かくしん**
核心に触れる。
確信を持つ。
経営革新計画。

**かげん**
下弦の月。
塩加減をみる。

**かんき**
注意を喚起する。
窓を開けて換気する。

**かんげん**
利益の還元。
管弦楽団。
甘言にのせられる。

**かんしょう**
ビキニ環礁。
感傷に浸る。
緩衝材の利用。
内政干渉。

**かんてい**
首相官邸。
自衛隊の艦艇。
鑑定を依頼する。

**かんよう**
寛容の精神。
忍耐が肝要だ。

**ぎせい**
犠牲を払う。
擬声語で表す。

**きゅうち**
窮地を脱する。
旧知の間柄だ。

**きょうい**
驚異的な結果。
脅威を与える。

**きょうこう**
金融恐慌。
強硬に反対する。

**きょうじゅ**
自由を享受する。
彼は准教授だ。

**きょうしゅう**
郷愁に駆られる。
敵の強襲。

**きょうせい**
矯正視力を測る。
立ち退きの強制。

**きんこう**
均衡を保つ。
大都市近郊。

**けいこく**
渓谷の紅葉。
警告を受ける。

**けんじ**
三原則を堅持する。
自己顕示欲。

**こうけん**
優勝に貢献する。
効験あらたか。

**こうしょう**
団体交渉。
公称価格。
時代考証。
高尚な趣味。

**こうてつ**
大臣の更迭。
鋼鉄製の部品。

**こうはい**
会社の三年後輩。
荒廃した町。

**こうりょう**
荒涼とした景色。
香料を加える。
損得を考量する。

**さしょう**
年齢を詐称する。
査証の発行。

さんか
傘下に入る。
戦争の惨禍。

しさく
思索にふける。
行政施策。

しもん
国の諮問機関。
指紋を残す。

じゅうだん
銃弾に倒れる。
日本列島縦断。

じゅんし
館内を巡視する。
殉死者の追悼。

しょうがい
生涯学習。
傷害事件。

じょうざい
浄財を募る。
錠剤を飲む。

しょうしゅう
消臭剤を買う。
国会召集。

じょうよ
予算の剰余金。
権利の譲与。

しんぎ
真偽を確かめる。
審議会を開く。

すいせん
議長に推薦する。
水仙が美しい。

すいそう
水槽の金魚。
吹奏楽団。

せんせい
選手宣誓。
専制政治。

せんたく
選択の自由。
命の洗濯。

せんぱく
浅薄な考えだ。
小型船舶免許。

そうけん
壮健に暮らす。
双肩にかかる。

そうさ
単純な操作。
事件の捜査。

そがい
疎外感を味わう。
発展を阻害する。

だとう
妥当性を欠く。
宿敵を打倒する。

てんか
責任を転嫁する。
食品添加物。
愛情が転化する。

とうき
陶器製品を扱う。
地価が騰貴する。
不法投棄禁止。
土地を登記する。

はき
覇気がない。
婚約を破棄する。

はけん
派遣社員。
覇権を争う。

ひろう
結婚披露宴。
疲労がたまる。

ふしん
業績不振に陥る。
家の普請をする。
会社発展に腐心する。
不審者情報。

ふよう
扶養家族。
景気が浮揚する。

へいこう
彼には閉口する。
平行する二直線。
平衡を保つ。

ぼうとう
株価が暴騰する。
冒頭に述べた内容。

ほうよう
子どもを抱擁する。
包容力がある。

ほしょう
国に補償を求める。
社会保障制度。

ほんぽう
自由奔放な性格。
役員の本俸。

めいき
心に銘記する。
出典を明記する。

ゆうかい
氷が融解する。
誘拐事件。

るいしん
塁審を務める。
累進課税。

## 絶対覚えたい! 同訓異字

2級とそれ以下の級に配当された漢字で同訓のものを組み合わせて出題される。特に4～2級に配当された漢字で同訓のものは少ないので、確実に身につけておきたい。ここでは、過去に出題された問題を中心として、紛らわしい同訓の漢字を取り上げた。

**あ(げる)**
- 例を挙げる。
- 顔を上げる。

**あら(い)**
- 波が荒い。
- きめが粗い。

**いた(む)**
- 死を悼む。
- 頭が痛む。
- 家が傷む。

**い(る)**
- 鐘を鋳る。
- 的を射る。

**う(える)**
- 飢饉で飢える。
- 木を植える。

**おか(す)**
- 国境を侵す。
- 法を犯す。
- 危険を冒す。

**お(す)**
- 扉を押す。
- 候補者に推す。

**かえり(みる)**
- 自らを省みる。
- 過去を顧みる。

**か(る)**
- 雑草を刈る。
- 猪を狩る。
- 羊の群れを駆る。

**かわ(く)**
- のどが渇く。
- 洗濯物が乾く。

**こ(り)**
- 凝り性だ。
- 失敗に懲りる。

**さ(く)**
- 時間を割く。
- 布を裂く。

**さ(す)**
- 胸を刺す。
- 傘を差す。

**さわ(る)**
- 仕事に障る。
- 手で触る。

**しず(める)**
- 反乱を鎮める。
- 船を沈める。

**しぼ(る)**
- 雑巾を絞る。
- 乳を搾る。

**し(める)**
- 過半数を占める。
- ひもを締める。

**すす(める)**
- 加入を勧める。
- 会長に薦める。

**すみ**
- 墨絵を描く。
- 片隅に座る。

**す(る)**
- マッチを擦る。
- 名刺を刷る。

**つつし(む)**
- 謹んで聞く。
- 言葉を慎む。

**つ(む)**
- 荷物を積む。
- 花を摘む。

**と(る)**
- 事務を執る。
- 血を採る。

**は**
- 包丁の刃を研ぐ。
- 端布を縫う。

**は(く)**
- 庭を掃く。
- 靴を履く。

**ふ(ける)**
- 夜が更ける。
- 顔が老ける。

**ほ**
- 稲の穂を刈る。
- 船の帆を張る。

**むね**
- 家が三棟並ぶ。
- 中止の旨を伝える。

**も**
- 藻が繁殖する。
- 喪に服す。

**わずら(う)**
- 思い煩う。
- 胸を患う。

## 絶対覚えたい！ 部首

２級に配当された漢字とそれ以下の級に配当された漢字の中で、間違えやすい部首の漢字が出題される。ここでは、過去に出題された問題を中心として、間違えやすい部首の漢字を取り上げた。

款▼欠（あくび かける）
麻▼麻（あさ）
窯▼穴（あなかんむり）
窮▼穴（〃）
窃▼穴（〃）
磨▼石（いし）
碁▼石（〃）
丈▼一（いち）
丙▼一（〃）
索▼糸（いと）
紳▼糸（いとへん）
寧▼宀（うかんむり）

駄▼馬（うまへん）
者▼耂（おいかんむり おいがしら）
頒▼頁（おおがい）
魔▼鬼（おに）
妄▼女（おんな）
貢▼貝（かい・こがい）
刃▼刀（かたな）
履▼尸（かばね しかばね）
尿▼尸（〃）
髪▼髟（かみがしら）
辛▼辛（からい）
辞▼辛（〃）

瓶▼瓦（かわら）
朱▼木（き）
衝▼行（ぎょうがまえ ゆきがまえ）
徹▼彳（ぎょうにんべん）
斥▼斤（きん）
薫▼艹（くさかんむり）
藻▼艹（〃）
嗣▼口（くち）
喪▼口（〃）
呈▼口（〃）
唇▼口（〃）
吏▼口（〃）

誓▼言（げん）
褒▼衣（ころも）
衷▼衣（〃）
漸▼氵（さんずい）
慕▼⺗（したごころ）
泰▼氺（したみず）
升▼十（じゅう）
辱▼辰（しんのたつ）
耗▼耒（すきへん らいすき）
尉▼寸（すん）
畝▼田（た）
奔▼大（だい）
奨▼大（〃）
衆▼血（ち）
募▼力（ちから）
勅▼力（〃）
朕▼月（つきへん）

塑▼土（つち）
塁▼土（〃）
爵▼爫（つめかんむり つめがしら）
摩▼手（て）
屯▼屮（てつ）
丹▼丶（てん）
扉▼戸（とだれ とかんむり）
虜▼虍（とらがしら とらかんむり）
虞▼虍（〃）
享▼亠（なべぶた けいさんかんむり）
亜▼二（に）
充▼儿（にんにょう ひとあし）
兵▼八（は）
翁▼羽（はね）
幣▼巾（はば）
帝▼巾（〃）
帥▼巾（〃）

昆▼日（ひ）
矛▼矛（ほこ）
戒▼戈（ほこづくり ほこがまえ）
缶▼缶（ほとぎ）
髄▼骨（ほねへん）
叔▼又（また）
豆▼豆（まめ）
臭▼自（みずから）
蛮▼虫（むし）
用▼用（もちいる）
閥▼門（もんがまえ）
崇▼山（やま）
疫▼疒（やまいだれ）
弔▼弓（ゆみ）
剰▼刂（りっとう）
到▼刂（〃）
竜▼竜（りゅう）

## 絶対覚えたい! 対義語

どちらかに2級に配当された漢字を含む熟語が使われている対義語を中心に出題される。対義語は、「陽性」に対する「陰性」のように、多くは決まった熟語の組み合わせとなるが、例えば「脱退」に対する「加入」と「加盟」のように、複数の熟語がある場合もあるので注意したい。ここでは、過去に出題された対義語を中心として、重要なものを取り上げた。

愛護《あいご》↔虐待《ぎゃくたい》
威圧《いあつ》↔懐柔《かいじゅう》
偉大《いだい》↔凡庸《ぼんよう》
栄転《えいてん》↔左遷《させん》
横柄《おうへい》↔謙虚《けんきょ》
汚染《おせん》↔浄化《じょうか》
汚濁《おだく》↔清澄《せいちょう》
解放《かいほう》↔束縛《そくばく》
獲得《かくとく》↔喪失《そうしつ》
下賜《かし》↔献上《けんじょう》
看過《かんか》↔摘発《てきはつ》
乾燥《かんそう》↔湿潤《しつじゅん》

緩慢《かんまん》↔迅速《じんそく》
寛容《かんよう》↔偏狭《へんきょう》
希薄《きはく》↔濃厚《のうこう》
凝固《ぎょうこ》↔融解《ゆうかい》
強硬《きょうこう》↔軟弱《なんじゃく》
極端《きょくたん》↔中庸《ちゅうよう》
協調《きょうちょう》↔排他《はいた》
虚弱《きょじゃく》↔頑健《がんけん》
勤勉《きんべん》↔怠惰《たいだ》
禁欲《きんよく》↔享楽《きょうらく》
空虚《くうきょ》↔充実《じゅうじつ》
慶事《けいじ》↔弔事《ちょうじ》

軽快《けいかい》↔荘重《そうちょう》
軽侮《けいぶ》↔崇拝《すうはい》
欠乏《けつぼう》↔充足《じゅうそく》
決裂《けつれつ》↔妥結《だけつ》
下落《げらく》↔騰貴《とうき》
倹約《けんやく》↔浪費《ろうひ》
高遠《こうえん》↔卑近《ひきん》
巧遅《こうち》↔拙速《せっそく》
高慢《こうまん》↔謙虚《けんきょ》
巧妙《こうみょう》↔拙劣《せつれつ》
国産《こくさん》↔舶来《はくらい》
古豪《こごう》↔新鋭《しんえい》

懇意《こんい》↔疎遠《そえん》
削除《さくじょ》↔挿入《そうにゅう》
自生《じせい》↔栽培《さいばい》
質素《しっそ》↔豪華《ごうか》
釈放《しゃくほう》↔拘束《こうそく》
就寝《しゅうしん》↔起床《きしょう》
祝賀《しゅくが》↔哀悼《あいとう》
祝辞《しゅくじ》↔弔辞《ちょうじ》
受諾《じゅだく》↔拒否《きょひ》
遵守《じゅんしゅ》↔違反《いはん》
潤沢《じゅんたく》↔枯渇《こかつ》
純白《じゅんぱく》↔漆黒《しっこく》
冗漫《じょうまん》↔簡潔《かんけつ》
素人《しろうと》↔玄人《くろうと》
侵害《しんがい》↔擁護《ようご》
新奇《しんき》↔陳腐《ちんぷ》
真実《しんじつ》↔虚偽《きょぎ》
進出《しんしゅつ》↔撤退《てったい》

性急《せいきゅう》↔悠長《ゆうちょう》
絶賛《ぜっさん》↔酷評《こくひょう》
設置《せっち》↔撤去《てっきょ》
善良《ぜんりょう》↔邪悪《じゃあく》
相違《そうい》↔一致《いっち》
率先《そっせん》↔追随《ついずい》
粗略《そりゃく》↔丁寧《ていねい》
尊敬《そんけい》↔侮辱《ぶじょく》
多弁《たべん》↔寡黙《かもく》
蓄積《ちくせき》↔消耗《しょうもう》
直進《ちょくしん》↔蛇行《だこう》
定住《ていじゅう》↔流浪《るろう》
低俗《ていぞく》↔高尚《こうしょう》
答申《とうしん》↔諮問《しもん》
特殊《とくしゅ》↔普遍《ふへん》
柔弱《にゅうじゃく》↔剛健《ごうけん》
任命《にんめい》↔罷免《ひめん》
売却《ばいきゃく》↔購入《こうにゅう》

暴露《ばくろ》↔秘匿《ひとく》
派遣《はけん》↔召還《しょうかん》
発病《はつびょう》↔治癒《ちゆ》
発奮《はっぷん》↔落胆《らくたん》
反逆《はんぎゃく》↔恭順《きょうじゅん》
販売《はんばい》↔購買《こうばい》
繁忙《はんぼう》↔閑散《かんさん》
不足《ふそく》↔過剰《かじょう》
富裕《ふゆう》↔貧窮《ひんきゅう》
分割《ぶんかつ》↔一括《いっかつ》
褒賞《ほうしょう》↔懲罰《ちょうばつ》
飽食《ほうしょく》↔飢餓《きが》
放任《ほうにん》↔干渉《かんしょう》
凡才《ぼんさい》↔逸材《いつざい》
末端《まったん》↔中枢《ちゅうすう》
隆起《りゅうき》↔陥没《かんぼつ》
理論《りろん》↔実践《じっせん》
老巧《ろうこう》↔稚拙《ちせつ》

# 絶対覚えたい！ 類義語

どちらかに2級に配当された漢字を含む熟語が使われている類義語を中心に出題される。類義語は、「簡単」に対する「平易」や「容易」のように、同じような意味を持つ複数の熟語があることが多いので注意したい。ここでは、過去に出題された類義語を中心として、重要なものを取り上げた。

暗示《あんじ》―示唆《しさ》
永遠《えいえん》―悠久《ゆうきゅう》
沿革《えんかく》―変遷《へんせん》
横領《おうりょう》―詐取《さしゅ》
汚名《おめい》―醜聞《しゅうぶん》
解雇《かいこ》―罷免《ひめん》
回顧《かいこ》―追憶《ついおく》
回復《かいふく》―治癒《ちゆ》
架空《かくう》―虚構《きょこう》
我慢《がまん》―忍耐《にんたい》
監禁《かんきん》―幽閉《ゆうへい》
頑健《がんけん》―強壮《きょうそう》

完遂《かんすい》―成就《じょうじゅ》
緩慢《かんまん》―悠長《ゆうちょう》
頑迷《がんめい》―偏屈《へんくつ》
関与《かんよ》―介入《かいにゅう》
起源《きげん》―発祥《はっしょう》
寄与《きよ》―貢献《こうけん》
脅迫《きょうはく》―威嚇《いかく》
傾倒《けいとう》―心酔《しんすい》
計略《けいりゃく》―策謀《さくぼう》
激怒《げきど》―憤慨《ふんがい》
降格《こうかく》―左遷《させん》
工事《こうじ》―普請《ふしん》

強情《ごうじょう》―頑固《がんこ》
功名《こうみょう》―殊勲《しゅくん》
攻略《こうりゃく》―奪取《だっしゅ》
互角《ごかく》―伯仲《はくちゅう》
克明《こくめい》―丹念《たんねん》
困苦《こんく》―辛酸《しんさん》
根絶《こんぜつ》―撲滅《ぼくめつ》
混乱《こんらん》―紛糾《ふんきゅう》
歳月《さいげつ》―星霜《せいそう》
削除《さくじょ》―抹消《まっしょう》
座視《ざし》―傍観《ぼうかん》
残念《ざんねん》―遺憾《いかん》

熟視《じゅくし》―凝視《ぎょうし》
熟知《じゅくち》―通暁《つうぎょう》
祝福《しゅくふく》―慶賀《けいが》
受胎《じゅたい》―妊娠《にんしん》
承知《しょうち》―受諾《じゅだく》
譲歩《じょうほ》―妥協《だきょう》
省略《しょうりゃく》―割愛《かつあい》
心配《しんぱい》―懸念《けねん》
親密《しんみつ》―懇意《こんい》
親友《しんゆう》―知己《ちき》
推移《すいい》―変遷《へんせん》
盛衰《せいすい》―興廃《こうはい》
制約《せいやく》―束縛《そくばく》
是認《ぜにん》―肯定《こうてい》
折衝《せっしょう》―交渉《こうしょう》
全治《ぜんち》―快癒《かいゆ》
扇動《せんどう》―挑発《ちょうはつ》
荘重《そうちょう》―厳粛《げんしゅく》

掃討《そうとう》―駆逐《くちく》
阻害《そがい》―邪魔《じゃま》
卓越《たくえつ》―秀逸《しゅういつ》
卓抜《たくばつ》―傑出《けっしゅつ》
調停《ちょうてい》―仲裁《ちゅうさい》
調和《ちょうわ》―均衡《きんこう》
手柄《てがら》―殊勲《しゅくん》
適切《てきせつ》―妥当《だとう》
展示《てんじ》―陳列《ちんれつ》
納得《なっとく》―了承《りょうしょう》
難点《なんてん》―欠陥《けっかん》
念願《ねんがん》―本望《ほんもう》
排除《はいじょ》―撤去《てっきょ》
抜粋《ばっすい》―抄録《しょうろく》
反逆《はんぎゃく》―謀反《むほん》
非情《ひじょう》―冷酷《れいこく》
必死《ひっし》―懸命《けんめい》
漂泊《ひょうはく》―流浪《るろう》

昼寝《ひるね》―午睡《ごすい》
貧乏《びんぼう》―困窮《こんきゅう》
不意《ふい》―唐突《とうとつ》
無事《ぶじ》―安泰《あんたい》
奮戦《ふんせん》―敢闘《かんとう》
平穏《へいおん》―安寧《あんねい》
妨害《ぼうがい》―阻止《そし》
豊富《ほうふ》―潤沢《じゅんたく》
本質《ほんしつ》―精髄《せいずい》
本復《ほんぷく》―快癒《かいゆ》
無口《むくち》―寡黙《かもく》
面倒《めんどう》―厄介《やっかい》
屋敷《やしき》―邸宅《ていたく》
安値《やすね》―廉価《れんか》
容赦《ようしゃ》―勘弁《かんべん》
翼下《よっか》―傘下《さんか》
来歴《らいれき》―由緒《ゆいしょ》
歴然《れきぜん》―顕著《けんちょ》

絶対覚えたい!

# 四字熟語

2級の四字熟語では、四字のうち二字を選択肢から選んで漢字に直す問題と、意味に合う四字熟語を選ぶ問題が出題される。漢字と意味とを関連づけて、しっかりと覚えておきたい。ここでは、過去に出題された四字熟語を中心として、重要なものを取り上げた。

## あ行

**唯唯諾諾《いいだくだく》**
「はいはい」と人にただ言われるままに従うさま。

**意気衝天《いきしょうてん》**
天を衝《つ》くほどに、意気込みが盛んなこと。（「意気天を衝く」とも言う。）

**医食同源《いしょくどうげん》**
病気を治すのも食事をするのも、生命を大切にして健康を保つためであり、その本質は同じだということ。

**一網打尽《いちもうだじん》**
（網を打って一度に多くの魚を捕らえることから）一味の者を一度にすべて捕らえること。

**一陽来復《いちようらいふく》**
冬が去り、春が来ること。悪いことばかりあったのが、ようやく運が向いてくること。

**一騎当千《いっきとうせん》**
一騎で千人の敵を相手にできるほど、強いこと。

**一朝一夕《いっちょういっせき》**
わずかな時日。短時日。

**威風堂堂《いふうどうどう》**
威厳があり、立派なさま。

**隠忍自重《いんにんじちょう》**
じっと我慢して、軽々しい言動をしないこと。

**英俊豪傑《えいしゅんごうけつ》**
才知が多くの人より特に優れていて、度胸も据わっている人。

**温厚篤実《おんこうとくじつ》**
穏やかで情に厚く、誠実なこと。

## か行

**快刀乱麻《かいとうらんま》**
（切れ味のよい刀剣でもつれた麻を見事に切る意から）紛糾している物事をてきぱきと手際よく解決すること。

**花鳥風月《かちょうふうげつ》**
①自然界の美しい景色。②詩歌を詠み、絵を描くなどして、自然界の風雅な趣を楽しむこと。

**合従連衡《がっしょうれんこう》**
外交上の駆け引き。時々の利害に応じて連合したり同盟したりして勢力を伸ばすこと。

**我田引水《がでんいんすい》**
（自分の田へ水を引く意から）自分の利益となるように取り計らうこと。自分に都合のよいようにすること。

**夏炉冬扇《かろとうせん》**
（夏の囲炉裏（火鉢）に冬の扇の意から）季節に合わない無用の長物のたとえ。

**感慨無量《かんがいむりょう》**
しみじみした思いが計り知れないほど深く強いこと。

**緩急自在《かんきゅうじざい》**
緩やかであったり急であったりということが思いのままであること。

**汗牛充棟《かんぎゅうじゅうとう》**
（牛が汗をかくほどの重さと、棟につかえるほどの量の意から）蔵書がとても多いこと。多くの書籍。

**換骨奪胎《かんこつだったい》**
古人の作品の趣意は変えず語句だけを換えたり、趣意に沿いながら新しいものを加えて独自の作品にすること。

**閑話休題《かんわきゅうだい》**
（話を余談から本筋に戻すときに使う言葉）それはさておき。ところで。

**気宇壮大《きうそうだい》**
心の持ち方が大きく立派なこと。

**気《き》炎《えん》万《ばん》丈《じょう》**
盛んに意気を上げること。

**喜《き》怒《ど》哀《あい》楽《らく》**
喜びと怒りと悲しみと楽しみ。人間のさまざまな感情。

**旧《きゅう》態《たい》依《い》然《ぜん》**
昔のままで、進歩や変化がないさま。

**興《きょう》味《み》津《しん》津《しん》**
興味がつきないさま。非常に興味がひかれるさま。

**謹《きん》厳《げん》実《じっ》直《ちょく》**
慎み深く厳格で、律儀なこと。

**金《きん》城《じょう》鉄《てっ》壁《ぺき》**
防備のきわめて堅固な城。物事がきわめて堅固なこと。

**空《くう》空《くう》漠《ばく》漠《ばく》**
さえぎるものがなく広がるさま。とらえどころのないさま。むなしいさま。

**群《ぐん》雄《ゆう》割《かっ》拠《きょ》**
多くの英雄が各地に勢力を張り、対立すること。多くの実力者が互いに勢力を争うこと。

**軽《けい》薄《はく》短《たん》小《しょう》**
軽々しく、薄っぺらで、中身がないさま。

**月《げっ》下《か》氷《ひょう》人《じん》**
男女の縁をとりもつ人。媒酌人。仲人。

**堅《けん》忍《にん》不《ふ》抜《ばつ》**
我慢強く堪え忍んで、志を変えないこと。

**巧《こう》言《げん》令《れい》色《しょく》**
口先がうまく、顔色を和らげて人を喜ばせ、こびへつらうこと。

**極《ごく》楽《らく》浄《じょう》土《ど》**
①一切の苦しみや悩みを離れた安楽の世界。阿《あ》弥《み》陀《だ》仏《ぶつ》の居所。②この上なく平和で楽しい場所や境遇のたとえ。

**古《こ》今《こん》無《む》双《そう》**
昔から今に至るまで並ぶものがないこと。

**刻《こっ》苦《く》勉《べん》励《れい》**
心身を苦しめて痛めつけるほどひたすら努力すること。

## さ行

**三《さん》位《み》一《いっ》体《たい》**
三つの要素が互いに結びついていて、本質的には一つであること。三者が心を合わせること。

**詩《しい》歌《か》管《かん》弦《げん》**
詩文や和歌、音楽。

**志《し》操《そう》堅《けん》固《ご》**
しっかりと志を守って変えないこと。

**質《しつ》実《じつ》剛《ごう》健《けん》**
飾り気がなくまじめで、強くしっかりしていること。心身ともにたくましいこと。

**失《しつ》望《ぼう》落《らく》胆《たん》**
期待どおりにならず、がっかりと力を落とすこと。

**四《し》分《ぶん》五《ご》裂《れつ》**
いくつにも分裂すること。秩序なくさけ分かれること。

**終《しゅう》始《し》一《いっ》貫《かん》**
始めから終わりまでずっと変わらないこと。

**自《じ》由《ゆう》自《じ》在《ざい》**
思いのままであること。思いのままにすること。

**秋《しゅう》霜《そう》烈《れつ》日《じつ》**
（秋の冷たい霜と夏の激しい日の意から）刑罰や権威、志操が厳しくおごそかであることのたとえ。

**自《じ》由《ゆう》奔《ほん》放《ぽう》**
伝統や慣習、常識などにとらわれずに、自分の思うままに振る舞うこと。

**熟《じゅく》慮《りょ》断《だん》行《こう》**
時間をかけて十分に考えた上で、思い切って実行すること。

**順《じゅん》風《ぷう》満《まん》帆《ぱん》**
①追い風を帆いっぱいにはらんで船が快調に進むこと。②物事がきわめて順調に運ぶさま。

**盛《じょう》者《しゃ》必《ひっ》衰《すい》**
世の中は無常であり、勢いの盛んな者も必ず衰えるときがあること。

**情状酌量《じょうじょうしゃくりょう》**
刑事裁判において、裁判官が被告人に有利な同情すべき諸事情を酌み取ること。

**精進潔斎《しょうじんけっさい》**
肉食を断ち、心身を清めて行いを慎むこと。

**正真正銘《しょうしんしょうめい》**
全くうそ偽りのないこと。本物であること。

**小心翼翼《しょうしんよくよく》**
①慎み深く細事にまで注意するさま。②気が小さくていつもびくびく恐れているさま。

**枝葉末節《しようまっせつ》**
物事の本質から外れた、些細《ささい》な部分。

**初志貫徹《しょしかんてつ》**
初めに思い立った志を貫き通すこと。

**支離滅裂《しりめつれつ》**
統一もなくばらばらに乱れて、筋道が立たないさま。めちゃくちゃなこと。

**深山幽谷《しんざんゆうこく》**
奥深い山や静かな谷。

**進取果敢《しんしゅかかん》**
強い決断力をもって思い切りよく、進んで新しいことに取り組もうとすること。

**神出鬼没《しんしゅつきぼつ》**
鬼神のようにたちまち現れたり隠れたりして、所在が容易にわからないこと。出没の変幻自在なこと。

**迅速果敢《じんそくかかん》**
決断力が強く、きわめて速く大胆に物事を行うさま。

**晴耕雨読《せいこううどく》**
晴れた日は外に出て耕し、雨の日は家にいて読書を楽しむこと。田園に閑居する自適の生活を言う。

**生生流転《せいせいるてん》**
万物が絶えず変化していくこと。

**清廉潔白《せいれんけっぱく》**
心が清らかで私欲がなく、やましいところのないこと。

**是非曲直《ぜひきょくちょく》**
道理にかなうこととかなわないこと。よこしまなことと正しいこと。

**千紫万紅《せんしばんこう》**
①種々様々な花の色。②色とりどりの花が咲き乱れるさま。

**前代未聞《ぜんだいみもん》**
これまでに一度も聞いたことのないこと。

## た行

**大喝一声《だいかついっせい》**
大声で叱《しか》りつけること、またその声。

**大願成就《たいがんじょうじゅ》**
大きな願いが成し遂げられること。

**大悟徹底《たいごてってい》**
心の迷いを去って完全な悟りを開くこと。

**大慈大悲《だいじだいひ》**
仏の広大な慈悲。楽を与えて苦を抜くこと。

**大胆不敵《だいたんふてき》**
度胸があって敵を敵とも思わないこと。何ものをも恐れないこと。

**多岐亡羊《たきぼうよう》**
①学問の道があまりに多方面に分かれていて、真理を得難いこと。②方針が多すぎてどれを選ぶべきか迷うこと。

**昼夜兼行《ちゅうやけんこう》**
昼も夜も休みなく道を急いだり、仕事を続けたりすること。

**朝三暮四《ちょうさんぼし》**
①目先の違いにばかり心を奪われて、同じ結果となるのに気づかないこと。②言葉巧みに人を騙《だま》すこと。③生計。

**朝令暮改《ちょうれいぼかい》**
①朝に政令を下して夕方にそれを改め変えること。②命令や方針が次々に変わってあてにならないこと。

**天涯孤独《てんがいこどく》**
この世に身寄りが一人もいないこと。

**当意即妙**《とういそくみょう》
その場にうまく適応した素早い機転。当座の機転。

**東奔西走**《とうほんせいそう》
ある仕事や目的のために、あちこち忙しく駆けめぐること。

**怒髪衝天**《どはつしょうてん》
頭髪の逆立った、ものすごい怒りの形相。頭髪が逆立つほど激しく怒ること。（「怒髪天を衝く」とも言う。）

## な行

**内柔外剛**《ないじゅうがいごう》
内心は気が弱いが、外見は強そうに見えること。

**内憂外患**《ないゆうがいかん》
国内の心配事と国際上の心配事。内外の心痛。

**南船北馬**《なんせんほくば》
あちこちと各地を旅行すること。

**二律背反**《にりつはいはん》
相互に矛盾し対立する二つの命題が、同等の権利を持って主張されること。

## は行

**破邪顕正**《はじゃけんしょう》
誤った考えを打ち破り、正しい道理を明らかにすること。

**不偏不党**《ふへんふとう》
いずれの主義や党派などにもかたよらないこと。公平・中立の立場をとること。

**付和雷同**《ふわらいどう》
自分に一定の見識がなく、ただ他人の意見や行動にわけもなく賛成すること。

**文人墨客**《ぶんじんぼっかく》
詩歌・書画など、文芸をたしなむ風雅な人。

**片言隻句**《へんげんせきく》
ちょっとした言葉。

## ま行

**妙計奇策**《みょうけいきさく》
巧妙で、常人の思いも及ばない奇抜なはかりごと。

**面目一新**《めんもくいっしん》
①外見が以前とすっかり変わること。②世間からの評価が良いほうに変わること。

**門戸開放**《もんこかいほう》
①制限をなくして自由に出入りできるようにすること。②港や市場を外国の経済活動のために開放すること。

## や・ら・わ行

**唯一無二**《ゆいいつむに》
ただ一つあって、二つとないこと。

**要害堅固**《ようがいけんご》
地形が険しく防備が固く、容易には破られないこと。

**容姿端麗**《ようしたんれい》
姿や形が整って、麗しいこと。

**落花流水**《らっかりゅうすい》
①落ちる花と流れる水。②男に女を思う情があれば、女もまた男を慕う情が生まれること。相思相愛。

**離合集散**《りごうしゅうさん》
離れたり集まったりすること。分離したり合併したりすること。

**理非曲直**《りひきょくちょく》
道理にかなっていることと道理から外れていること。よこしまなことと正しいこと。

**粒粒辛苦**《りゅうりゅうしんく》
（米の一粒一粒が農民の苦労の結晶であるという意から）ある仕事の成就にこつこつと地道な努力を積み重ねること。

**和魂漢才**《わこんかんさい》
日本固有の精神と中国の学問。また、この両者を兼ね備えていること。

**和洋折衷**《わようせっちゅう》
日本風と西洋風とをほどよく取り合わせて用いること。

常用漢字表・付表

# 熟字訓・当て字

▼改定された常用漢字表・付表にある、熟字訓・当て字です。読み間違えのないように、繰り返し確認しましょう。
▼——線の漢字は高等学校で習う読みで、2級では出題の中心です。

あ 明日（あす）・小豆（あずき）・海女・海士（あま）・硫黄（いおう）・意気地（いくじ）・田舎（いなか）・息吹（いぶき）・海原（うなばら）・乳母（うば）・浮気（うわき）・浮つく（うわつく）・笑顔（えがお）・叔父・伯父（おじ）・大人（おとな）・乙女（おとめ）・叔母・伯母（おば）・お巡りさん（おまわりさん）・お神酒（おみき）・母屋・母家（おもや）

か 母さん（かあさん）・神楽（かぐら）・河岸（かし）・鍛冶（かじ）・風邪（かぜ）・固唾（かたず）・仮名（かな）・蚊帳（かや）・為替（かわせ）・河原・川原（かわら）・昨日（きのう）・今日（きょう）・果物（くだもの）・玄人（くろうと）・今朝（けさ）・景色（けしき）・心地（ここち）・居士（こじ）・今年（ことし）

さ 早乙女（さおとめ）・雑魚（ざこ）・桟敷（さじき）・差し支える（さしつかえる）・五月（さつき）・早苗（さなえ）・五月雨（さみだれ）・時雨（しぐれ）・尻尾（しっぽ）・竹刀（しない）・老舗（しにせ）・芝生（しばふ）・清水（しみず）・三味線（しゃみせん）・砂利（じゃり）・数珠（じゅず）・上手（じょうず）・白髪（しらが）・素人（しろうと）・師走（しわす・しはす）・数寄屋・数奇屋（すきや）・相撲（すもう）・草履（ぞうり）

た 山車（だし）・太刀（たち）・立ち退く（たちのく）・七夕（たなばた）・足袋（たび）・稚児（ちご）・一日（ついたち）・築山（つきやま）・梅雨（つゆ）・凸凹（でこぼこ）・手伝う（てつだう）・伝馬船（てんません）・投網（とあみ）・父さん（とうさん）・十重二十重（とえはたえ）・読経（どきょう）・時計（とけい）・友達（ともだち）

な 仲人（なこうど）・名残（なごり）・雪崩（なだれ）・兄さん（にいさん）・姉さん（ねえさん）・野良（のら）・祝詞（のりと）

は 博士（はかせ）・二十・二十歳（はたち）・二十日（はつか）・波止場（はとば）・一人（ひとり）・日和（ひより）・二人（ふたり）・二日（ふつか）・吹雪（ふぶき）・下手（へた）・部屋（へや）

ま 迷子（まいご）・真面目（まじめ）・真っ赤（まっか）・真っ青（まっさお）・土産（みやげ）・息子（むすこ）・眼鏡（めがね）・猛者（もさ）・紅葉（もみじ）・木綿（もめん）・最寄り（もより）

や 八百長（やおちょう）・八百屋（やおや）・大和（やまと）・弥生（やよい）・浴衣（ゆかた）・行方（ゆくえ）・寄席（よせ）

わ 若人（わこうど）

メ モ

メモ

メモ

☆20

本書に関する最新情報は，当社ホームページにある本書の「サポート情報」をご覧ください。(開設していない場合もございます。)


漢字検定 2級 完成問題

編著者 絶対合格プロジェクト

発行者 岡　本　明　剛

印刷所 株式会社ユニックス

発 行 所

©株式会社 増 進 堂

大阪市西区新町2丁目19番15号

㊢(06)6532－1581(代) 〒550－0013

FAX(06)6532－1588

落丁・乱丁本はお取り替えします。 高廣製本 Printed in Japan